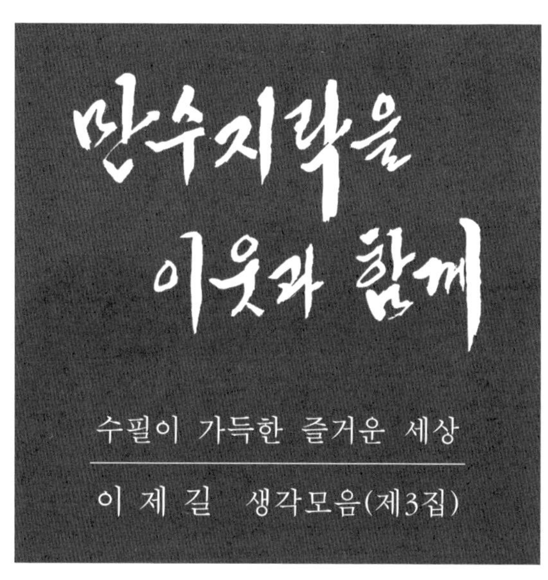
만수지락을
이웃과 함께
수필이 가득한 즐거운 세상
이 제 길 생각모음(제3집)

신아출판사

들머리

만수지락滿隨之樂을 이웃과 함께

수필이 가득한 즐거운 세상

소설가 박완서 선생은 문학을 하는 까닭은 인간화의 자기 증명을 위해 세상을 아름답게 하는 힘이 있기 때문이라고 했다. 그래서 수필이 가득한 즐거운 세상 '만수지락滿隨之樂'이란 조어를 생각해 보았다. 나는 국어교사 출신으로 문학을 가르치다가 수필을 사랑하게 되었다. 수필과 시로 문단에 입문한 이후에는 문학가란 자존심을 지키기 위해 노력하다 보니 이제는 수필이 내 삶의 연료가 되어 버렸다.

조선후기 실학자 홍대용 선생은 옛날 학자들은 책이 없어서 걱정이었고, 지금 학자들은 책이 넘쳐서 걱정이라고 했다. 만약 오늘날처럼 흐드러진 책세상을 보았더라면 뭐라고 표현할까. 나 역시, 시집 『당신의 얼굴』과 수필집 『동태후와 윤씨부인』을 펴낸 이후, 남들 앞에 자신 있게 내놓을 만한 작품도 없으려니와 책 소비에 대한 걱정과 독자들의 냉담함이 두려워 아예 책을 펴낼 생각을 접었었다. 한 해에 4만여 종의 신간이 간행되지만, 만들어진 책의 절반만 팔리고, 팔린 책의 절반만 읽히며, 그 책의 절반만 이해되고 나머지 절반만이 실제 활용된다고 하니 책은 언제나 그 절반의 운명을 가진 것 같다. 물론, 그 운명의 절반은 독자가 결정하겠지만…. 더군다나

박경리 선생은 『나의 문학이야기』에서 작품 수준도 안 되는 것을 자비로 내는 이들도 적지 않다고 들었는데 그들에겐 인생을 진지하게 생각하는 자세가 결여되어 있을 뿐만 아니라, 한국문학을 멍들게 하는 요소라고 지적했기에 더욱 위축되지 않을 수 없었다. 그러나 두려운 생각도 오래 지나다 보면 아무것도 아니듯 시나브로 나르시시즘에 빠진 글들이 꽤 많이 쌓이게 되었다.

이러한 번민 끝에 세 번째의 이 생각모음을 펴내기까지는 경기도 안산에서 훌륭한 사업가로 성공한 고등학교 제자의 재촉과, 글을 써서 자기의 뜻을 세우라(立言)는 사마천이 친구에게 보낸 편지글, 그리고 실존철학자 키에르케고르의 『이것이냐, 저것이냐』와 F.니체의 『선악의 피안』, 『도덕의 계보학』을 비롯해 『짜라투스트라는 이렇게 말했다』의 제4부마저 자비 출판하였던 것이 큰 위로가 되었다. 뿐만 아니라 오직, 한 사람의 독자라도 나를 알아주는 사람이 있다면 그를 위해 글을 쓰겠다는 다작의 대가 정약용 선생의 뜻이 나에게 큰 용기를 덧입혀 주었다.

수필의 길은 직선이 아니라 곡선이다. 곡선은 여유와 낭만이 살아 있다. 고속도로가 아닌 고샅에서 풀꽃들의 싱싱한 생명을 볼 수 있듯이 빠르게 뛰면 놓치고 천천히 걸으면 생각이 솟는다. 말은 생각 없이도 할 수 있지만, 글은 생각지 않고서는 쓸 수 없다. 모쪼록, 이 생각모음을 통해 만수지락을 이웃과 함께 나누고 싶다. 혼자 즐기는 것은 남과 함께 즐기는 것만 못하고, 적은 사람과 함께 즐기는 것은 많은 사람과 함께 즐기는 것만 못하다는 맹자의 말이 나에게는 마뜩하게 들린다.

주제별 엮기

문자향 앓이 / 37

영화관 나들이 / 83

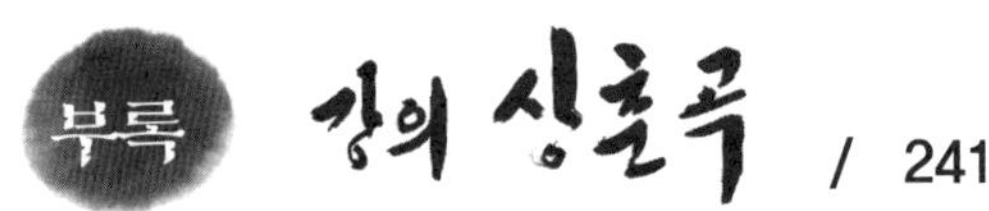

부록
강의 상춘곡
/ 241

가사문학은 수필의 모태

백년행락을 상춘곡과 함께

요즈음 거리의 현수막에 인문학 강의 안내가 심심찮게 보인다. 과학과 기술 그리고 물질만으로는 좋은 삶을 누릴 수 없다는 것을 깨닫기 시작한 모양이다. 충만한 삶은 눈에 보이는 신체복근 못지않게 영혼이 깃든 정신복근도 중요함을 느꼈기 때문이리라. 정신과 물질, 무형과 유형 그리고 옛것과 첨단 등은 공유가 필요하기에 지난날, 산업화의 급류에 침몰되었던 인문학을 다시 양지로 끌어듦은 필연의 이치가 아니겠는가. 그러나 아직도 각 대학에서는 학문탐구보다 실용성만을 따져 인문학적 상상력의 고갈을 가볍게 보아 넘기는 것 같아 안타깝다. 설상가상으로 청년실업률이 높은 것은 문사철(문학 · 역사 · 철학)의 과잉공급 탓이라고 진단한 장관까지 지낸 분이 있었는가 하면, 『춘향전』은 변사또가 춘향이 따 먹으려는 이야기라고 그 무지함을 드러낸 경기도 지사를 지낸 사람도 있었다.

반기문 유엔사무총장은 언젠가 신화통신과의 인터뷰에서 일을 처리할 때에는 내면의 힘이 신체적 역량보다 중요하다며 고전문화를 강조하였다. 이어령님은 인문학의 위기는 곧, 사회 전반의 위기라고 우려했다. 부모는 있되 어버이는 없고, 선생은 있되 스승은 없고, 학생은 있되 제자는 없다는 말은 이와 무관치 않다.

나는 학생들에게 국어를 가르쳐왔으나 이제 퇴직하고 보니 좋아했던 애인을 잃은 기분이다. 다행히도 젊은 시절, 칠보고등학교에서 교사로서의 경험과 칠보중학교장으로 재직했던 인연이 되어 2010년부터 2년여 칠보에 있는 태산선비문화관에서 가사문학의 효시인 「상춘곡」을 학생과 주민에게 여러 차례 강의할 수 있는 기회를 갖게 되었다. 학생들에게 「상춘곡」은 그 내용이나 주제가 걸맞지 않지만, 가사문학의 효시란 점과 칠보를 중심으로 한 자연경관의 아름다움, 그리고 중세국어와 한자 중심의 고사성어가 학습내용으로 훌륭하기에 즐거운 시간을 보낼 수 있었다. 텍사스에서는 수레국화가, 캘리포니아에서는 양귀비꽃이 봄을 상징하듯이, 상춘곡은 가사문학의 봄을 상징한다.

한편, 칠보는 태산선비문화의 고장이다. 태산은 지금의 칠보 · 산내 · 산외 · 옹동 · 태인, 그리고 북면을 일컬어 통일신라 시대부터 고려 말까지 부르던 지역명이다. 신라 헌강왕 12년(서기 886)에 고운 최치원 선생이 태산태수로 부임하였고 그 후, 신잠 · 정극인 · 송세림 · 정언충 · 김약묵, 그리고 김관 등의 선비와 함께 한 고장이다. 특히, 정극인 선생은 태종 때 지금의 서울 성북구의 흥천사 사리전을 건축하는 것은 숭유억불 정책에 거스른다고 태학생으로서 동맹휴학을 주도, 참형을 당할 뻔했으나 북방유배 끝에 처가인 칠보에서 후학지도에 혼신의 노력을 다하였다. 그의 나이 53세(1453년)에 이르러 문종의 부름으로 관직에 몸담았다. 세조의 왕위찬탈에 반기, 70세에 다시 칠보에 돌아와 자연과 함께 벗하다가 마침내 75세에 가사문학의 효시인 「상춘곡」을 짓고 80세에 작고하였다. 「상춘곡」이 세상에 널리 알려지게 된 것은 310여 년이 지난 후(1786년), 그의 후손인 정효목의 기록이었다.

오늘날 선비라면 대학교수가 최적일 텐데 국가발전에 중차대한 각종 국책자문단에 참여하면서 과연 전문가답게 양식에 구김 없는 의견과 행동을 보여주고 있는가, 돈과 권력자의 의지 연구에 번뜩이는 눈동자를 통해 좋은 자리 탐색하는 모양새가 옛 선비와 견주는 것 자체가 민망할 따름이다. 나는 선비를 Sun B로 표기하고 싶다. 태양과 같은 만물의 벼리로서 정극인 선생처럼 정의롭게 행동(Behavior)하는 지식인으로 풀이한다면 지나친 욕심일까.

「상춘곡」은 정극인 선생의 삶을 정리한 종결문終結文이요, 용사用事문학의 백미다. 유언의 성격을 띠면서 고전이요, 고전 중에서도 가사문학의 효시로 일컫고 있으니 아무리 생활에 쫓기는 현대인일지라도 한번쯤은 이 고전을 마닐마닐하게 음식을 먹듯 음미해봄 직하다. 노래 가사는 거짓이 없듯이 고전 역시, 거짓이 없다.

고칠 삼현古七三現이라 했던가. 고전 읽기의 중요성을 말한다는 것은 췌언일지라도 베스트셀러가 도라지라면, 고전은 산삼이요, 10년 전의 유행은 촌스러울지라도 백 년 전의 유행은 클래식이 아니던가. 그러기에, 39행 79구의 「상춘곡」 전문을 '부록' 「講義 賞春曲」 편에 소개했다.

면앙俛仰과 송강松江을 만나던 날

비가 내릴 것이라는 일기예보와는 달리, 햇빛 차단에 걸맞게 구름으로 덧입힌 5월의 하늘은 봄나들이 하기에 참으로 좋은 날이었다. 회원들의 참여가 기대(약속)보다는 모자란 듯했으나, 즐거움만은 더없이 넉넉했다. 이웃, 담양의 소쇄원 일원은 不可近不可遠의 지역으로 느껴지는 곳이기도 하다. 그러나 발길 닿는 곳마다 우리 선조들의 문향이 그득한 역사적 현장이었고 문화유산 해설사 李貞玉님의 열정으로 俛仰과 松江 선생이 우리 일행을 반갑게 맞이하는 듯했다.

문학은 양반사회를 중심으로 정형성의 시조가 주류를 형성하였으나, 16세기(임진란) 전후로 엄청난 변화를 몰고왔다. 양반사회의 엄격한 형식과 기교적이고 귀족적인 구속력이 강하다 보니 풍부하고 다양한 감정을 작은 그릇에 담기보다는 긴글 형태의 가사문학이 필요했던 것이다. 임진란 이전의 가사 주제는 미인 · 전쟁 · 은둔 등이 많았으나, 그 이후는 교훈 · 기행 · 유배 · 신세 한탄 등을 주로 다루었다.

이 같은 가사문학은 정읍 칠보*의 아름다운 자연을 노래한 정극인의 「賞春曲」을 시작으로 宋純의 「면양정가」와 松江의 「성산별곡」으로 이어지면서 호남가단의 튼튼한 버팀목되어 오늘날까지도 인구人口에 회자되고 있다. 이번 문학기행은 *'松江과 함께 소쇄원에서 만나요!'* 란 현수막 답게 가사문학에 대한 달관의 경지에 이른 李貞玉 문화유산 해설사를 붙잡지 않을 수 없었다.

40대의 갸름한 몸맵시에 4음보 연속체의 가사 내용을 쏘아놓은 화살만큼이나 입놀림이 빠르고 무속인으로 착각될 정도로 혼신의 땀방울을 빚으며 어느 구절은 평사낙안이요, 또 다른 작품에서는 이도령이 춘향을 만나 얼마나 좋았던지 부채살을 활짝 펴 얼굴에 홍기를 띠우며 어부바하는 모습이려니, 운율의 도가니가 바로 저런 세계로구나! 하고 감탄할 수밖에….

그런데 요즈음, 영어 몰입교육이란 홍두깨가 번뜩이더니 한국 전통문학의 氣가 꺾여 폭염 속에 늘어뜨린 개헛바닥 같은 신세가 되었을지라도 고 소고당紹古堂**선생 같은 분의 가사작품집이 남겨졌음은 천만다행이 아닐 수 없다. 그러나 젊은이들이 기웃거리지 않아 기록으로만 의존

---

* 칠보(七寶) : 「賞春曲」의 배경은 문헌상에는 태인(泰仁)으로 되어 있으나, 실제는 현재의 지명인 井邑市 七寶面 詩山里로 정정되어야 할 것이다. 그 당시는 泰仁縣 古縣이었기에 아직까지도 기록에만 의존한 학계의 나태가 부끄럽다.

* 소고당(紹古堂) : 김환재(金煥在-2006.전라북도장한어른, 문화상수상, 2010년 작고)의 부인으로 소고당(紹古堂), 본명은 고단(古단, 2010년 작고)이며 친가는 전남 장흥인데 그곳에는 장흥문화원에서 紹古堂歌辭文學碑를 건립하였으며, 시댁인 정읍시 산외면 산외중학교 교정에도 같은 歌辭文學碑(2007년)가 세워졌다.

필자가 七寶中學校 재직 시, 김환재 어른의 부탁으로 '歌辭文學班'을 운영한 바 있었다. 어른은 조부님 대부터 이 지역에 많은 은덕을 베풂으로써 존경받는 家系를 이어받아 오늘날에도 정읍시 산외와 칠보 그리고 산내의 초 · 중학교에 돌아가시기 전까지 奬學金을 보내주셨다.

할 수밖에 없는 미래가 안타깝다.

칠보에서 7년여 근무한 시절이 있었다. 칠보는 신라말 유학자 고운 최치원 선생과 불우헌 정극인 선생 등을 추모하기 위한 武城書院이 있어 충 · 효 · 예 사상과 선비정신을 오늘에 되살리고자 '태산선비문화권'이 훌륭하게 조성되었다. 이곳의 아름다운 자연을 총 39행 79구로 담아낸 「賞春曲」에 대한 연모의 정이 깊기에, 애주가인 필자로서 다음 한 옥절玉節만은 꼭 읊조리고 싶다.

> ~樽中이 뷔엿거ᄃᆞᆫ 날ᄃᆞ려 알외여라. 小童 아ᄒᆡᄃᆞ려 酒家에 술을 믈어, 얼운은 막대집고 아ᄒᆡᄂᆞᆫ 술을 메고, 微吟緩步ᄒᆞ야 시냇ᄀᆞ의 호자 안자, 明沙 조ᄒᆞᆫ 물에 잔 시어 부어들고, 淸流ᄅᆞᆯ 굽어보니 ᄯᅥ오ᄂᆞ니 桃花ㅣ로다.~

수필과 문심조룡

『문심조룡』은 중국의 유협劉勰이 선진先秦에서 육조시대까지의 문학 현상을 시대순으로 관찰, 연구하여 전 50편으로 집대성한 문학이론서다. 문심文心은 창작 · 감상 · 비평 등의 언어활동을 위한 감정 및 영감의 작용을 말하며, 조룡雕龍은 언어예술이 추구하는 미적 가치라는 것에 근거하여 용을 조각하듯 문학작품을 구상하고 창작하는 과정을 일컫는다.

나는 2013년 1월, 전라북도교육문화회관 도서관의 서가에서 김민나 지음 『문심조룡』(2005, 삼림출판사)을 처음 만났다. 저자는 중어중문학과 재학 중, 이종진 지도교수의 연구실에서 이 원저原著를 목격하고 그후 대만대학에서 이에 관한 석 · 박사까지 취득할 정도로 심취되었다고 한다. 얼마나 대단한 내용이기에 김민나 교수의 평생 연구대상이 되었을까. 나름대로 열심히 탐구하다 보니 역시, 문학도라면 반드시 궁구해야 할 명저가 아닐 수 없었다. 중국 근대문학의 거장 노신魯迅은 아리스토

텔레스의 『시학』에 필적할 동양문예학의 고전이라고까지 극찬했다. 그런데도 나는 학창시절에 가까이 하지 못하고 이제야 책장을 넘긴다는 것이 한없이 부끄러웠다.

원저자 유협은 인간으로 태어나 금석보다 견고한 불후의 명성을 드러내는 길은 저작뿐임을 강조하고 이책을 저술했다고 한다. 위나라 초대황제 조비曹丕 역시, 문학은 나라를 경영하는 것과 같은 큰 일이며 불후의 사업이라고 그와 뜻을 같이 했다. 한편, 정진석 추기경은 2009년 『햇빛 쏟아지는 언덕』 출판기념 기자간담회에서 저술은 조용한 기쁨을 주는 일이라고 했는데 과연, 글을 쓴다는 것이 그렇게 기쁘기만 한 일인가. 시인 임의직 목사는 한 일간지의 「시골편지」에서 스웨터가 터져 줄줄 새는 실처럼 내 글도 일사천리 그랬으면 싶은데 어쩔 땐 머리를 쥐어짜도 안 되는 것이 글이라고 했다. 글 쓰는 사람이라면 누구나가 경험했으리라.

그러나 전 4부로 구성된 니체의 작품 『짜라투스트라는 이렇게 말했다』 중에서 제3부까지는 단 열흘 만에 끝냈다고 한다. 저술의 달인 다산 정약용 선생은 역사 · 지리 · 법 · 건축 · 의학 · 문학 등에 두루두루 걸쳐 500여 권의 책을 저술하고 2,640여 편의 시를 지었다. 전북대 강준만 교수도 만만치 않다. 단행본만 200여 권을 훌쩍 뛰어넘은 다작가로서 2~3개월마다 단행본을 펴내고 있어 책 읽는 속도보다 책을 저술하는 속도가 빠르다는 기자들의 정평이다. 그의 타고난 성실성과 불굴의 집념 그리고 집중의 결과이긴 하지만, 저술의 원동력은 재미라고 했다. 아는 것은 좋아하는 것만 못하고, 좋아하는 것은 즐기는 것만 못하다는 공자의 가르침을 실천궁행으로 보여준 것이다.

지난날에는 바쁘다는 핑계로 글 쓴다는 것이 부담스러웠으나 퇴직 후에는 재미, 그 자체가 나에게도 쏠쏠하다. 재주가 없어 다작은 못할지라도 여유 있는 시간을 통해 탈고하노라면 나르시시즘에 흠뻑 젖어 행복을 다듬는다. 유협의 『문심조룡』과 같이 나의 글이 먼 훗날 고전으로 평가되기를 바라는 엉뚱한 마음까지 품으면서….

유협은 좋은 작품을 위해서는 내용과 형식을 조화롭게 통일시켜야 한다고 했다. 작품의 내용을 바르게 안배하여 골격을 세우는 용법鎔法과 쓸모없는 표현들을 제거하여 알맞은 표현을 이루는 재법裁法을 강조했다. 이렇듯, 고대 문학이론의 으뜸이 유협의 『문심조룡』이라면, 우리 문학에서 아우라 넘치게 표현한 금아 피천득 선생의 작품 「수필」은 아직도 우리 곁을 금과옥조로 지키고 있어 음미할수록 맛이 깊다.

> 수필은 청자의 연적이다. 수필은 난이요, 학이요, 청초하고 몸맵시 날렵한 여인이다. 수필은 그 여인이 걸어가는 숲속으로 난 평탄하고 고요한 길이다. (중략) 수필의 색깔은 황홀 찬란하거나 진하지 아니하며 검거나 희지 않고 퇴락하여 추하지 않고 언제나 온아우미하다. 수필의 빛은 비둘기 빛이거나 진줏빛이다. 수필이 비단이라면 번쩍거리지 않는 바탕에 약간의 무늬가 있는 것이다. 그 무늬는 읽는 사람의 얼굴에 미소를 띠게 한다. 수필은 한가하면서도 나태하지 아니하고, 속박을 벗어나고서도 산만하지 않으며, 찬란하지 않고 우아하며 날카롭지 않으나 산뜻한 문학이다.~

유협은 문채文采가 이루어지는 방식을 형문形文, 성문聲文, 정문情文의 형태로 분석하였다. 형문은 시각에 호소하는 자연의 아름다움을, 성문은 청각에 호소하는 문향을, 정문은 다양한 사상과 감정을 문자로 아름답게 표현한 것이라고 했다. 그러기에, 금아 선생의 「수필」은 유협이 바라는 문채의 압권이 아니겠는가.

내 작은 바람이 있다면

미국에서 출간의 빛을 보는 시가 한 해 몇 편이나 될까? 그 해답을 알고 싶다면 미국 내의 문예지 숫자와 그 잡지들이 수록한 시의 평균을 곱하면 될 것이다. 사실 너무 많다. 이런 과잉 출판으로 인해 야기되는 문제점도 적지 않다. 한 친구는 현대시의 83%가 읽을 만한 가치도 없다고 힘주어 말한다. 비록 정확한 통계는 아닐지라도 내게는 너무나도 정확한 수치로 여겨졌다. 이 이야기는 2006년 『미국 올해의 가장 좋은 시』를 편집한 '빌리 콜린스'가 서문에서 밝힌 글이다.

미국이 아닌 우리의 경우는 어떤가? 시가 아닌 수필 또한, 문제점은 없겠는가? 너무 직설적인 물음 같지만 '빌리 콜린스'의 생각과 크게 벗어나지 않는 우리 문단 현실을 직시할 필요가 있다.

누군가는 글쓰기 작업을 밀림 속을 헤매는 방랑객으로 비유했다. 이처럼 글쓰기도 어렵거니와, 비록 활자화된 글 가운데, 독자에게 아름답고 즐거운 그리고 감동까지는 주지 못할지라도 깊은 생각을 이끌어낼 수 있는 힘을 지닌 작품이 과연 몇 편이나 될까? 우리 문인들은 진지한 자기 성찰과 함께 부단한 노력을 아끼지 말아야 할 것이다.

특히 수필의 경우, 단순한 기억을 토해내고 경험을 회고하듯 내뱉고 자기표현에 도취된다면 남는 것은 느낌이 아니라, 빈 껍데기의 활자가 지면을 채우는 무위에 지나지 않을 것이다. 좋은 작품이란, 인간의 삶을 대상으로 하되 그 내면을 살피는 생각의 소리가 들려야 한다. 이 소리는 완성된 현상의 소리가 아니라, 사고의 과정을 종합적으로 유추하면서 스스로 드러내는 마음의 소리이어야 한다.

한편, 수필은 전문적 작가가 아닌 누구나가 쉽게 접근할 수 있다는 점이 다른 영역에 비해 강점이기도 하지만, 그로 인해 수필을 쉽게 황폐화 시킬 수 있다는 점에 유의할 필요가 있다. 낙서나 일기가 아닌 최소한의 작품이라 한다면, 평범함 속에서 일각의 비범함이, 일상적인 이야기일지라도 삶의 지혜가, 무거운 생각보다는 잔잔한 즐거움의 흐름을 타면서 주제의 선명성을 놓치지 말아야 한다.

나는
큰 것보다는 작은 것을
작은 것보다는 큰 느낌을
큰 느낌보다는 작은 감동을
작은 감동보다는 큰 즐거움을
큰 즐거움보다는 '잘 읽었다'는 선물을
독자로부터 받을 수 있는 작가가 되고 싶다.

그 다음의 몫은 독자에게 있다
좋은 생각으로
즐거운 마음으로
글을 읽는
아름다운 모습의 주인공이 되겠다는….

나의 친구, 나의 사랑

배드민턴

요즈음 일고 있는 참살이는 아닐지라도 가족과 함께 부담 없이 누구나가 즐길 수 있는 놀이로 배드민턴만 한 운동이 없다. 전주 시내에서는 화산체육관과 덕진배드민턴 전용구장 그리고 사설 몇 군데가 있긴 하지만, 배드민턴 동호인들을 모두 수용하는 데는 한계가 있다. 학교체육관을 개방한다고 하더라고 클럽회원들에게 국한되고 보면 사실, 일반인들로서 실내체육관 찾기란 결코 쉬운 일이 아니다. 정읍여중 재직 때의 일이다. 부임하자마자 시설 좋은 체육관을 '샘골배드민턴' 동호인들에게 대관계약을 통해 개방하니 나에게 감사패까지 챙겨준다.

어떤 운동도 마찬가지겠지만, 배드민턴은 전신운동이요, 많은 땀을 필요로 하는 운동이다. 다른 운동에 비해 쉽게 배울 수 있고 연령층이 다양하여 가족끼리도 가능한 운동이기에 국민생활체육으로 널리 보급하고 육성할 가치가 있다. 문학으로 말하면 수필에 가깝다. 수필이 유머와 위트의 문학이듯 배드민턴 역시, 약간의 긴장감 속에서 내내 웃음과 위트 그리고 즐거움의 에너지가 분출된다. 수필은 붓 가는 대로 누구나가 쓸 수 있는 무형식의 글임을 강조하고 있다. 그러나 예술론의 관점에서 톺아보면 겉으로는 형식을 강요하지 않는 듯하면서도, 속으로는 가장 독창적이고 개성 있는 형식을 요구한다는 점에서 수필의 무형식론은 역설적으로 도전적이고 실험적인 의미를 갖는다. 이러한 수필의 매력적인 블랙홀에 한 번 함몰되면 빠져나올 수가 없다. 그래서 나는, 수필이 가득한 즐거운 세상이란 의미의 『만수지락萬隨之樂을 이웃과 함께』란 책까지 출간하기에 이르렀다.

배드민턴도 라켓만 들 수 있으면 누구나가 즐길 수 있는 가볍고 쉬운 운동이다. 하지만 실제로는 다양한 기술과 근력, 그리고 어느 운동 못지않은 강한 체력을 요구하고 있다. 깃털처럼 가볍게 느껴지는 4.75g의 셔틀콕이 라켓에 맞는 순간 최고시속 320km 비상과 함께 부단히 서로 주고받는 소통을 통해 상생의 흥미는 물론이려니와 걸쌈스럽게 황소숨을 쉬며 녹초가 될지라도 온몸에 쾌족한 맛이 스멀거린다. 그러기에 이 배드민턴 도가니에 빠지면 탈출하기가 힘들다.

야구 스윙과 골프 스윙이 샴쌍둥이라면, 배드민턴과 수필은 이란성 쌍둥이 정도는 될 것이다. 소동파는 평생 활달하고 소탈하여 외적인 명예나 이익에는 담담했지만, 그에게 유독 타파하기 어려운 집착이 있었으니 바로 시와 학문에 대한 사랑이었다고 한다. 나 역시, 배드민턴과 수필에 대한 집착을 소동파에 비유한다면 지나친 견강부회일까.

한편, 전국 600여 개의 골프장이 있음에도 수익성에만 혈안이 되어 삼림을 훼손하고 멸종위기의 야생동물들을 몰아내면서까지 골프장 건설잡이로 전락하고 있는 일부 지방단체장들의 모습을 보노라면 그저 안쓰럽다. 이명박 시절, 해외로 빼앗기는 골퍼들을 붙잡기 위해 회원제 골프장 개별소비세 인하로 생기는 결손액이 무려 서울시 초·중학교 무상급식비에 해당된다니 이 무슨 쥐대기 짓인가. 이제는 골프장이 더 이상 황금알을 낳는 거위가 아니라는 사실쯤은 골프산업에 종사하는 사람은 다 알고 있다. 유럽이나 북미, 호주같이 평지가 발달한 넓은 국토라면 골프문화가 성장할 수 있다지만 우리의 경우는 다르다. 우리 국토는 비좁을 뿐만 아니라, 후손들에게도 개발할 여지는 남겨두어야 할 것이 아닌가. 우리의 산하는 백두산을 제외하고는 2천m 이하다. 누구나 오를 수 있고 만지고 싶고 쓰다듬을 수 있는 친근감과 아름다움의 보고이다. 이런데도 자연을 마구잡이로 훼손한 4대강 모래파기와 같은 성과지상주의적 스펙 쌓기 놀잇감이 되어서는 안 될 것이다. 혹여, 자연보호 구역마저 규제 완화랍시고 풀어버린다면 인체의 암 덩어리보다 더 무서운 자연의 대재앙은 결코 피할 수 없을 것이다.

앙탈부린다고 할지라도 조금만 생각을 바꿔 도심의 자투리에 공공실내체육관을 건설, 보통 사람들의 눈높이에 맞는 배드민턴·농구·탁구·핸드볼 등을 마음껏 즐길 수 있도록 생활체육문화를 뿌리 내릴 수는 없을까.

다행히 나는 퇴직 후에도 용홍중학교와 우전중학교에서 일주일에 서너 차례, 배드민턴을 즐길 수 있도록 젊은 선생님들이 멘토로서의 역할을 마다하지 않는다. 이 나이에 이와 같은 이불 소창 같은 생활을 어디에서 찾을 수 있겠는가. 젊은 후배들에 대한 고맙고 감사한 평상심이 갈수록 누적되어 행복 바이러스가 내 곁에서 떠날 줄을 모른다.

귤중지락橘中之樂

「개그콘서트」에서 꽃거지(허경환)는 아가씨(김지민)와의 대화 끝에 궁금하면 500원! 이라며 손을 내민다. 이처럼 사람들은 호기심을 자극하거나 무료할 때, 내기를 좋아한다. 그것은 즐거운 여가를 통해 삶의 활력을 더해주기 때문이다. 가정에서도 명절 때, 가족들과 오랜만에 만나면 고스톱이나 카드게임 혹은 윷놀이 등을 곧잘 한다. 여기서도 내기가 필요하다. 그냥 하면 성취동기는 물론, 손목만 아프고 재미가 없기 때문이다. 이 정도의 수준은 가족오락이라 해도 좋을 듯싶다.

그러나 허영만의 만화 「타짜」에서 보듯이 속임수를 쓰다가 손목이 잘리고 의수를 달고도 손에서 화투를 떼지 못한다거나, 우연한 기회에 카지노나 경마장 등에 출입하는 취미생활을 하다 그만 짜릿한 쾌감의 늪에 빠져 헤어나오지 못하는 경우도 있다. 이는 자기 통제력을 상실한 병적도박으로 사회적 범죄행위가 아닐 수 없다. 마침내는 가정파괴는 물론, 끔찍한 우울증에 시달리다가 강력범의 피의자가 된다든가 자살하는 경우도 우리는 쉽게 볼 수 있다. 건전한 오락과 악성바이러스 도박과의 경계는 명확치 않으나 경제적 탕진 및 반사회적 여부가 그 기준이 되지 않을까 생각된다.

나 역시, 배드민턴과 바둑이란 두 개의 바이러스에 단단히 전염되어 자가진단이 필요하기는 하나, 가족들이 크게 염려하는 수준은 아니기에 아직까지는 그냥 즐기고 있다. 아니, 즐기는 수준이 아니라 일상생활 그 자체로 굳어져가고 있다. 배드민턴은 내 나이와는 어울리지 않으나 오랜 세월 꾸준히 해왔고 이보다 더 재미있는 놀이가 없기에 버리지 못하고 아직까지 버티고 있다. 아내는 나이도 생각하라며 넌지시 걱정하는 눈빛이다. 하지만, 이 글에서는 귤중지락橘中之樂이란 바둑이야기를 꺼내고 싶다.

신선이 구름을 타고 날아다니던 아주 먼 옛날, 깊은 산속의 작은 벌레 두 마리가 평생 인간되기를 희구하였다. 그러던 어느 날, 신선 둘이서 산꼭대기 너럭바위에서 무엇엔가 심취해 있는 광경을 보았다. 그 옆에서는 나무꾼이 도끼자루가 썩는 줄도 모르고 정신을 빼앗기고 있었다. 얼마가 지났을까. 신선들은 날아가 버리고 나무꾼만 산에서 내려오는데 궁금증에 사로잡힌 벌레들이 나무꾼에게 물었다. 신선들이 하는 것이 무엇이었기에 당신은 그리 넋을 잃었소. 한 번 삼매경에 빠지면 세상사를 다 잊는다는 바둑이라는 것인데, 아주 오묘하지…. 벌레들은 바로 이거구나! 하며 정자나무 아래서 바둑 두는 사람들을 찾아 나뭇가지 위에서 지켜보며 바둑을 배우기 시작했다. 어느 정도의 실력을 갖추게 되자, 그 둘은 조용한 과일 속에 파고들어가 맞바둑을 두며 계속해서 수련을 쌓아갔다. 그러던 어느 날, 나그네가 귤나무 밭을 지나며 목말라 먹을 것을 찾던 중, 탐스러운 귤을 발견하고 따서 먹으려고 까보니 아니 껍질 안에 과육은 없고 작은 사람 둘이 앉아서 바둑을 두고 있는 것이 아닌가. 예전에 인간이 그렇게도 되고 싶었던 벌레 두 마리가 마침내 인간으로 환골탈태했음에도 자신들이 인간이 되었다는 사실마저 잊은 채, 바둑 삼매경에 빠져 버렸다는 이야기다. 신선놀음에 도끼자루 썩는 줄도 모른다는 속담과 귤중지락이라는 고사가 이렇게 하여 유래되었다고 한다.

김수팽金壽彭은 영조 때 호조의 서리로 일하던 아전이었다. 하루는 그가 급한 서류를 들고 어떤 재상을 찾아갔는데 마침 손님과 바둑을 두고 있었다. 마당 한가운데 엎드려 있는 서리를 돌아볼 겨를도 없이 재상은 바둑에 열중이었다. 쇤네 아뢰오. 이 서류에 재가부터 처분하여 주시기 재차 말씀드리오. 그래도 듣는 채도 하지 않자, 사랑방으로 뛰어 들어가 바둑판을 엎어버렸다. 다시 뜰로 내려와 부복하여 아뢰었다. 쇤네는 대감 앞에 죽을 죄를 스스로 지었으니 이놈의 목을 베어 죽여 주십시오. 하오나 국사는 잠시도 늦출 수 없사오니 속히 다른 사람을 시켜서 문서에다 재가를 내려주시기 바랍니다. 이에 재상은 서류에 재가를 하면서, 자네도 바둑을 두어보게, 두던 바둑을 멈추고 잠시 한눈팔기는 쉽지 않은 법일세. 얘들아, 저 버릇없는 아전 놈에게 술이나 한 잔 내려라.

나의 직장 초년시절, S대까지 나온 고향 선배가 부인이 연탄가스 중독으로 죽자 감내하기 어려운 시름을 잊기 위해 바둑에 빠진 나머지, 직장 생활도 제대로 하지 못하고 젊은 나이에 퇴직하고 말았다. 그러나 나는, 아버님께서 집안 어른한테 바둑 배우는 것을 한두 차례 지켜보았을 뿐, 전혀 두지 못했다. 그 후 군대생활하면서 파견소대장으로 변방에 나가 있을 때, 하사관한테 늦게나마 배워 이제는 소일거리 중에서 바둑을 가장 으뜸으로 즐기고 있으니, 이 얼마나 다행한 일인가.

지난날에는 이마를 맞대고 둘이 두던가 아니면, 유료 바둑실을 찾았다. 그러다가 한때는 지능바둑 CD에 의존했으나 지금은 무료로 운영되는 컴퓨터 온라인 바둑사이트를 통해 마음껏 즐기고 있으니, 시간 보내는 데는 이것만큼 좋은 것이 없다. 바둑은 상대편 돌을 잡거나 집을 크게 짓지 않으면 내가 질 수밖에 없기에 온 신경을 오로지 바둑판의 흑백에 몰입할 수밖에 없다. 그래서 그랬을까. 공자님은 무위도식할 바에는 바둑이나 장기로 마음을 잡는 것이 오히려 현명하다고 했다.

프로 기사는 바둑판의 가로 · 세로 각각 19줄씩 361칸 속에 녹아 있는 위기십결圍棋十訣을 음미하며 반드시 복기를 통해 자기반성과 함께 다음 계획을 세운다고 한다. 승리를 탐하면 얻지 못한다 不得貪勝, 공격할 때는 나의 약점을 먼저 돌아보라 攻彼顧我, 작은 것을 버리고 큰 것을 취하라 捨小取大, 형세가 불리하면 싸우지 말고 화평을 취하라 勢孤取和 등은 어찌, 바둑판에서만 적용되는 교훈일까.

노래와 행복한 삶

전주시에서는 '열린시민강좌'를 월 2회씩 개최한다. 몇 번 참여하다 보니 내 핸드폰에 강좌안내가 문자로 뜬다. 3월 둘째 주 화요일에는 가수 현미 씨의 '노래와 행복한 삶'이란 주제가 우리 부부를 부른다. 미8군 무대에서 활동하다 「밤안개」로 데뷔, 「보고 싶은 얼굴」·「떠날 때는 말없이」 등 풋장시절 그의 히트곡은 전국 극장가의 스피커에서 지축을 흔들었다. 칠십 대 후반답지 않은 카랑카랑한 목소리와 몸놀림은 아직도 흰머리 소녀였다. 때로는 성에 관한 유머까지 곁들이며 노래교실을 옮겨놓은 것 같다. 나의 학창 시절, 오늘의 초빙강사를 비롯하여 좋아하는 가수가 어찌 한둘이었겠는가만 특히, 탱고의 안다성과 도돔바의 남일해는 요즈음의 K팝 가수 못지않은 인기 몰이꾼이었다.

"파도소리 들리는 쓸쓸한 바닷가에 나 홀로 외로이 추억을 더듬네. ~" 아주 애절하고 감동적인 노래다. 지난 추억과 함께 안다성의 「바닷가에서」는 청아한 신의 목소리를 듣는 듯하다. 그래서 내 이메일의 닉네임이 되고 말았다. 고등학교 2학년 때, LP판 「바닷가에서」를 구입하였으나 그후 분실하여 애통하던 차에 레코드 가게를 운영하는 사촌동생의 도움으로 다시 구하게 되어 지금까지 보관하고 있다. 이밖에 「사랑이 메아리 칠 때」「서울의 애인들」「방랑자」, 그리고 「꿈이여 다시 한 번」 등은 명곡 중 명곡일레라. 가수 남일해는 어떤가. 60년대 온녘의 젊은 남성들을 매혹의 저음으로 이끌어 낸 「갈매기 우는 항구」「에리사」, 그리고 「심야의 종소리」와 70년대 초의 「빨간 구두 아가씨」는 그 분의 전성기 때의 노래였다. 요즈음에는 「반갑다 친구야」란 신곡으로 왕성한 활동을 보이고 있다.

지금 생각하면 음악과는 문외한인 나는 직장 초년 시절(1972년) 월부로 구입한 「세계명곡대선집」(성음사)을 듣게 됨으로써 귀명창이 되기 시작했다. 이 가운데 요한 스트라우스의 「봄의 소리」(작품 410)는 아리아이기 때문에 각 악기마다 독주하는 선율이 유난히 힘차고 발랄하여 도입부터 힘을 솟게 한다. 중간 부분에서는 봄소리와 함께 섬세한 음률에 경쾌감을 만끽할 수 있다. 흰머리 소년답게 보무도 당당한 바그너의 「탄호이저 마치」의 선율에 온몸을 맡기고 침잠의 늪으로 빠져들 때면 싱싱한 추억이 행복한 삶을 토해낸다. 이밖에 츄비 첵키의 「림보 록크」· 펫분의 「스피드 곤자레스」, 그리고 레이 찰스의 「사랑하지 않을 수 없다」로 세상의 시름을 잊을 수 있었다.

10여 년 전, 러시아 모스크바의 한 극장에서 노래 잘하면 죄도 용서받는다는 이색적인 노래자랑이 개최되었다. 90만 명의 죄수들이 모여든 가운데 여섯 명이 최종적으로 입상하여 즉각 석방과 함께 정착금까지 받았다는 해외토픽이 화제가 되었다. 한편, 영화 「에이미」는 여덟 살 난 소녀 에이미(엘레나 드로마)가 네 살 때 록가수인 아빠의 죽음을 목격한 충격 때문에 말을 잃었으나 우연히 아빠의 노래를 듣고 울부짖는 것을 본 도날드 박사에 의해 말을 되찾는다는 전형적인 가족 영화인데 노래가 자폐증을 치료하는 데 큰 도움이 되었다는 이야기다. 광고의 카피는 진정성이 없는 흰소리이기에 불쾌하고 짜증스럽기까지 하다. 그러나 노래의 가사는 거짓이 없어 우리는 듣는 것만으로도 즐겁고 행복할 뿐만 아니라, 죄와 병까지 치료해 준다.

젊은이들은 자신들이 좋아하는 노래를 알고 있는 어른을 만나면 환하게 웃으며 마음을 연다. 버락 오바마 미국 대통령이 20대 젊은이들과 소통할 수 있었던 것은 흑인 사회에 압도적 영향을 미친 음악가 스티비 원더의 결코 암기하기 쉽지 않은 다섯 곡의 노래 가사를 줄줄이 외웠기 때문이라고 한다. 셰익스피어는 말했다. "자기 안에 어떠한 음악도 갖지 않고 감미로운 음의 조화에 마음을 조금도 움직이지 않는 인간이야말로 모반과 모략과 약탈에 적합한 인간이다."라고.

문학이 진솔한 우리들의 삶의 이야기라면, 음악은 영혼의 단백질이다. 그러기에, 이 단백질을 보충하기 위해 우리는 노래 속에서 행복한 시간을 만들어 보는 것도 좋을 듯싶다.

교만이 낳은 옥동자

아침 9시, 바쁘게 걸으면 10여 분, 쉬엄쉬엄 걸으면 30여 분, 평소 같더라도 딱 15분이면 풍족한 거리를 일주일에 두 번씩 걷노라니 이 정도만이라도 정말 살맛이 저절로 난다. 누군가는 "반기는 곳은 없으나 갈 곳은 많다."라고 했던가. 책가방 들고 열심히 걷는 내 모습이 얼마나 멋있게 느껴지는지, 경험해 보지 못한 사람은 짐작조차 할 수 없으리라. 퇴직했다는 사람이 뭐가 그리 바쁘기에 허겁지겁 저렇게도 발걸음을 서두르는지….

요즈음과 같이 스마트폰과 자가용 등의 생활수단이 엄청 빨라졌음에도 여유 부리기는커녕, 걷는 사람은 뛰고 승용차 바퀴살은 속도를 시샘한다. 그러기에 '러끌레르끄'는 시간에 쫓겨봤자 허망한 결과만 초래할 뿐이라 경고했는가 하면, 일찍이 진나라의 도잠은 오늘의 상황을 예측이라도 한 듯 「귀거래사」를 읊조리며 세상을 달관하지 않았던가.

아서라, 세상에 이내 몸 얼마나 머무를 수 있으리오. 가고 머무름은 내 마음대로 되는 것이 아니니, 어찌하여 바삐 어디로 가고자 하는가.

그러나 일주일에 두 번씩, 3개월여 한자사범반에서 열심히 학습하며 주야로 복습하다 보니 하루하루가 무료함 없이 즐겁고 행복하게 보낼 수 있었다. 한자 정도는 지난 세월, 국어 선생이란 자존심의 교만이 남아 있기에 대수롭지 않게 여겨왔는데 처음 보는 글자가 대부분인지라 정말 장난이 아니었다. 그러나 초심으로 돌아가 가족 앞에서 열심히 노력하는 모습을 보일 수밖에….

마침내, 한자급수 시험일이었다. 문제의 난이도는 평소 생각보다 평이하게 출제되어 안심이 되었으나, 수험생으로서의 경험이 부족하여 객관식은 답지에 바로 마킹을 했어야 함에도 문제지에 체크해 두었다가 다음에 답지에 이기하다 보니 시간에 쫓기고 당황하였던 점이 못내 아쉬웠다. 아는 것도 실수하고 틀릴 만한 문제는 용케도 맞힌 것 같기도 하였으나 주관식 채점이 소수점까지 주어지기 때문에 가채점을 한다 해도 합격 여부를 어림하기가 힘들었다. 200문제에서 80% 이상을 맞아야 하는데 떨어지거나 합격한다 하더라도 아마 한두 개의 턱걸이로 결정되지 않겠나 생각되었다. 이번에 실패하더라도 합격할 때까지 도전하겠다는 의지가 확고한 이상, 발표와 상관없이 엊그제의 즐거웠던 시간을 반추하면서 처음부터 다시 시작하노라니 오히려 심층적 실력 연마에 많은 도움이 되었다.

사범반은 퇴직자를 제외하고는 거의 한자지도자가 대부분이며, 이들은 사범급수가 아니면 학생들의 눈총이 따갑다는 것이다. 선생님은 사범 자격 있어요, 언제 시험에 도전할 거예요 등의 질문을 곧잘 받는다는 것이다. 한편, 합격한다 해도 한문학에 탁월한 실력자가 되는 것도 아니기에 누가 물어볼까 봐 두려워 고개 숙이는 경우도 있다는 우스갯소리도 들린다. 주위에서는 한두 번 떨어지는 것이 지극히 당연하다고는 하지만, 막상 그 당사자가 자신이라고 생각한다면 쉽게 수긍하는 데 모두가 주저할 것이다.

시험장을 빠져나온 후의 한 달여, 핸드폰에 합격자 안내 사이트가 울린다. 이때의 심정은 무척 당황스럽기도 했지만 기대감도 없지 않았다. 여유 있는 성적이 아니었기에 안내 사이트에 바로 접속하지 못하고 그 이튿날이 되어서야 조심스럽게 검색해 보았다. 합격이란 두 글자는 기뻤으나 예상했던 대로 점수는 턱걸이에 머물렀다. 다른 수험생들은 2, 3급에서 1급을 거쳐 사범시험을 본다는데 나는 사전 급수는 전혀 갖추지 않은 상태에서 무모하게 도전하였으니, 이는 지난날 국어교사 경험이란 교만이 낳은 옥동자가 아니겠는가.

오래도록 이 기쁨을 간직하고 싶다.

문자향 앓이

하얀 환상

유덕희의 『하얀 환상』은 소설이라기보다는 우리들의 성장기를 여자의 입장에서 청순한 마음으로 기록한 체험담이기도 하다. 불우한 가정환경 속에서 방황했던 성장 과정 · 이성과의 만남, 그리고 사랑에 대한 남성과 여성의 차이점 등을 작중인물 서연희를 통해 이야기하고 있다.

이 장편은 1975년 『여성동아』 복간기념 여류 장편소설 당선작으로써 그해 11월호 별책 부록으로 출간되었다. 그 당시 나는 소설문학에 관심이 많았기에 책꽂이에 고이 간직하였건만, 이렁저렁 삶에 뒤엉키다 보니 내 기억 속에 지워진 세월이 오늘에 닿았다. 퇴직 후, 고향집에 들러 서재를 톺아보았다. 참으로 젊음의 손때가 묻어나는 나에게는 바이블 같은 사랑스러운 책들이 즐비하다. 그동안 나 혼자 잘난 맛으로 살아왔던 지난날의 회한이 작은 어깨를 짓누른다. 힘 있을 때는 관심도 없다가 이제 발바닥이 닳자 낡은 책꽂이에 먼지를 벗기는 허접스러움 속에서도

『하얀 환상』이 눈에 번쩍인다.

첫 부분은 시시콜콜하고 지루하더니만 후반부쯤엔 예리한 문장 표현이라든지 소설 구성의 치밀성, 그리고 서민들의 삶이 맛깔스럽게 잘 묘사되었다. 특히나, 요즘 가정 파탄으로 인한 자녀들의 방황이 깊어가는 상황에서 다음과 같은 작중인물, 서연희의 모놀로그는 젊은이들의 어설픈 삶을 제자리에 되돌려 놓는다.

> 저도 예전엔 한 인간이었습니다. 당신과 똑같이 생각하고 행동할 줄 알고 말할 줄 알고 웃을 수 있는 인간이었습니다. 보세요. 지금 저는 완전한 한 개체를 버리려고 합니다. 저는 당신을 통하여 생각하고 당신을 통하여 말하며 당신과 함께 슬퍼하고 당신과 함께 즐거워하려고 합니다. 저의 뱃속에서 자랄 아기도 이러할 것입니다. 당신의 피가 제 피로, 저의 피가 아기의 피가 되며, 당신의 살이 제 살과 섞여 아기의 살을 형성할 것입니다. 그러기에 제가 바라는 것은 오직 당신의 품, 당신은 제게 있어 우주입니다.
>
> 저는 당신의 아내가 될 행복을 생각하고 있습니다. 우리들의 결혼식이 얼마나 성대해야 하는지를, 우리들의 결혼식에 축하객은 얼마나 될 것이며, 제가 입을 드레스는 얼마나 아름다울 것이며, 우리가 뿌려야 할 것들은 또 얼마나 있어야 하는지를, 그러나 저는 관심이 없습니다.
>
> 우리들의 결혼에 중요한 것은 축하객이 아닙니다. 사랑이지요. 드레스도 아닙니다. 사랑이지요. 결혼식의 성대함이나 타인의 눈은 더욱더 아니지요. 사랑입니다.

결혼을 앞둔 화자 서연희는 자기 주관에서 완전히 탈피하여 자기를 객관화함으로써 성숙한 여인으로 성장하는 아픔을 보이고 있다. 이처럼 진정한 사랑을 위해 감내해야 할 사랑 이야기는 우리 역사 속에서도 쉽게 찾아볼 수 있다. 해모수와 유화부인 · 바보 온달과 평강공주 · 마동과 선화공주 등에서 보듯이 사랑의 결실을 위해 숱한 통과제의를 겪게 된다. 나이팅게일은 자기에게 진실하지 않으면 노래를 부르지 않는다고 한다. 그러나 안타깝게도 작중인물 서연희의 참따란 사랑은 조선 선조 때 이옥봉 시 「규정閨情」의 기다리는 마음에 투영되어 그만 '하얀 환상'을 잉태하고 만다.

有約來何晩　약속을 하고도 왜 이리 늦으시나
庭梅欲謝時　뜨락의 매화도 시들려고 하는데
忽聞枝上鵲　문득 가지 위의 까치 소리를 듣고서
虛畵鏡中眉　부질없이 거울보며 눈썹 그려요.

태백산맥

최초 천만 관객을 돌파한 영화 「실미도」(감독 강우석)에서 인찬(설경구)은 빨갱이 아버지 때문에 자기 인생이 깡패가 되었다고 믿는다. 그는 살인등으로 마침내 사형선고를 받게 되었으나 북파 간첩을 조건으로 풀려난다. 인찬이가 실미도에서 그 모진 훈련을 견뎌낼 수 있었던 힘은 곧, 아버지를 빨갱이로 만든 김일성의 모가지를 따오겠다는 각오에서 비롯되었다.

조정래의 『太白山脈』에서 입산 빨치산 행동대였던 염상진의 아들 광조와 딸 덕순이, 하대치의 두 아들 길남이와 종남이 그리고 김복동, 김종연, 서인출의 자식들이 애국조회 때 교장 선생님의 훈화를 듣게 된다.

> (前略) 북괴 공산도배들은 우리의 원수고 적입니다. 우리의 씩씩한 국군 용사들과 우리의 우방인 미군 용사들이 그놈들을 물리친 것입니다.

이번 겨울을 산속에서 넘기지 못하고 이제 빨치산 악질들은 용감무쌍한 국군 아저씨들의 손에 한 사람도 남김없이 죽게 될 것입니다. (後略)

빨갱이 아버지를 둔 이 죄 없는 어린 것들은 교장 선생님의 훈화를 어떻게 받아들었을까?

60년대 이후, 우리의 자본주의 발달사는 좌파 이론의 오류와 산업자본주의의 위력을 여지없이 보여주었다. 그 결과 80년대 후반에 이르러 한국 자본주의는 대규모의 중산층을 형성하면서 성장과 분배를 동시에 이룬 성공적인 사례가 되었다. 이와 때를 같이하여 세계 공산주의 체제가 붕괴되기 시작했다.

좌파 이론의 가장 치명적인 오류는 착취가 없는 자본 축적은 불가능하다는 것이다. 마르크스는 자본가들이 이윤을 창출할 수 있는 것은 오직 노동자들에게 정당한 노동의 대가를 지급하지 않고 갈취하기 때문이라고 생각했고, 더 많은 이윤을 창출하기 위해 더 많은 착취를 할 수밖에 없기 때문에 자본가의 숫자는 점차 줄어들고 무산계급의 숫자는 기하급수적으로 팽창할 수밖에 없다고 믿었다.

그도 그럴 것이, 우리의 근대사에서 말해주듯 일제 치욕에서 연합군의 힘으로 겨우 독립되자 6·25를 거쳐 남북이 분단되기까지 60년대 이전의 눈으로는 좌익이니 우익이니 선악을 가린다는 것 자체가 배부른 생각이었다. 하루 한 끼는 고사하고 목구멍에 풀칠하기도 힘든 세상에 빨갱이면 어떻고 흰둥이면 어떻다는 것인가?

비록 허구로 짜여진 이야기가 소설이라고는 하지만, 조정래는 『太白山脈』을 통해 우리의 참혹한 생활 단면을 부분적으로나마 잘 묘사했다고 생각된다. 한때는 이적 표현물로 검찰의 감시망이 작가를 옥죄게 한 과거도 있었다지만….

그러나 최근 모일간지에 함북 최대도시라는 청진에서 해진 옷에 발가락이 드러날 정도로 낡은 신발을 신고 청진역 광장을 기어가며 울부짖고 있는 '꽃제비' 모습이 크게 확대되었다. 그 아래는 청진 신암 시장에서 음식 쓰레기를 챙겨 자루에 담고 있는 노파의 일그러진 사진도 있었고, 김일성 초상이 걸린 청진의 한 관공서 앞 화단 풀밭에 남루한 차림의 주민들이 쓰러져 잠든 모습이 소개되었던 것으로 기억된다. 이처럼 궁핍한 상황이 어찌 청진뿐이겠는가? 쓰나미보다 더 무서운 아사 상태의 북한 동포들이 실존하고 있다는 사실을 믿어야 하는 현실이 그저 가슴을 아리게 한다.

『太白山脈』에서 입산 빨치산으로 목숨을 다한 염상진 · 하대치 · 정하섭 · 안창민 · 강동식 형제 · 오판돌 · 이해룡 · 이학송 · 이태식 · 조원제 · 천점바구 등을 비롯한 이지숙 · 김미선 · 김혜자 · 외서댁 등의 인물들도 그 당시는 값진 죽음이라 믿었겠지만, 지금까지 생존했더라면 과연, 그들의 생각과 행동은 어찌 재단할 것인가, 한편으로는 궁금하기도 하다. 등장인물을 자세히 소개한다고 하겠지만 어떤 독자는 태백산맥에 소개되는 캐릭터가 무려 273명이라고 한다. 작가는 하대치와 외서댁을 통해 공산주의의 우월성을 표현코자 한 것이 아니라, 인간 삶의 근원을 밝히는 데 초점을 맞추었다고 했다.

빨갱이들의 이론이 그 당시의 굶주림에 찌든 서민들에겐 합당하게 받아들일 수밖에 없었던 것은 보릿고개를 넘긴 독자라면 누구나가 쉽게 이해하리라 믿는다. 날씨가 점차 추워지는 오늘날에도 대도시의 지하도를 찾는 노숙자들이 증가하고 있는 우리의 현실도 자랑할 수는 없지만, 어떤 이는 임진왜란이 노예 쟁탈 전쟁이었다고 말한다. 조선시대까지도 단순히 먹고 살기 위해 아들은 대를 물려야 하기 때문에 대부분 딸부터 가진 자에게 팔 수밖에 없었고, 다음은 부인이고 최후는 자신을 팔아야 했던 우리네 잔혹사를 지워버릴 수는 없을 것이다.

소설 『太白山脈』은 이를 놓치지 않았다. 해방이 되자, 가장 두려움을 가진 사람은 친일하면서 재산을 증식시킨 대지주들이 아니었던가? 특히나, 소설의 주무대가 되었던 '벌교'는 보성군과 화순군을 포함한 내륙과 직결되는 포구가 있어 나주평야의 쌀을 실어내는 적지이면서도 고흥반도와 순천, 보성을 잇는 삼거리 역할을 담당한 교통의 요충지였다. 철교 아래 선착장에는 밀물을 타고 들어온 일인들의 통통배가 득실거렸고 상주하는 일인들도 많아 왜색이 짙었고 돈도 많았다. 그래서 생긴 벌교 가서 돈 자랑 주먹 자랑하지 말고, 순천에서 인물 자랑하지 말고, 여수에서 멋 자랑하지 말라는 말이 오늘에까지 전해오고 있다.

현장 답사에서도 이를 확인한 바 있었지만, 백여 년 전에 지어져 일제 강점기 때 여관으로 사용된 '남도여관'(80평, 2층 객실 24실)은 아직도 남아 있어 근대문화유산으로 등록된다고 한다. 소설에서는 이 건물이 토벌대 계엄사령관들의 숙소로 묘사된다.

일제강점기 中島라는 일본인이 벌교 포구에 이십 리가 넘는 방죽을 막아 논을 만들기 위해 소작인들을 동원하여 간척사업을 했지만, 소작인들의 손에 쥐어지는 것은 노동의 대가로 땅을 분배받은 것이 아니라, 육할은 지주에게 나머지 사할에서 농지세·물세·비료대·종자대 등 기본 소작료를 빼고 난 것이 소작인들의 몫이었기에 이들의 굶주림을 달래기란 태부족이었다.

일본이 패망하고 해방이 된 후에는 이들보다 더 잔인하게 소작인들을 옥죄는 대지주들은 온갖 수단을 다 동원하여 재산 증식에만 혈안이 되었다. 이들은 농지개혁을 피하기 위해 온갖 잔머리를 굴림으로써 소작인들의 원성을 듣다 못해 자본주의의 허물과 공산주의를 선망토록 부채질하는 역할을 단단히 해내고 말았다.

전속 무당까지 두었던 현부잣집을 비롯하여 윤부자네 · 술도가집 정현동 사장 · 입산 빨치산 부인들을 무차별 겁탈한 허출세 · 소위 좌익척결위원회 위원장 최익달 · 손익 계산이 빠른 유주상과 유삼걸 등…. 참담하게도 정현동 사장(아들 정하섭)은 농지개혁을 피하기 위해 간척지 논을 염전으로 둔갑시키려다가 성난 소작인들에게 몰매 죽음을 당하는 비운을 맞는다. 좌우익의 실체를 가늠조차 할 수 없었던 소작인들의 배고픔은 "나라가 공산당을 맹글고, 지주가 빨갱이 맹근당께요.(『태백산맥』 제1부 6장에서)"라고 외치지 않을 수 없었다. 그래도 지식인의 고뇌를 상징하는 김범우와 그의 아버지 김사용은 다른 주지와는 달리 소작인들에게 농지 분배에도 적극 참여함으로써 이들로부터 추앙받는 인물로 형상화 된다.

『太白山脈』, 나는 이 10권의 책을 읽고 우리 선조들의 치욕적인 삶을 잘 묘사했다기보다는 소설 속 이야기보다 더 궁핍하고 생생한 사실을 놓치지는 않았나 오히려 반문하고 싶다. 그러기에 독자의 한 사람으로서 좌우익의 진실 규명보다는 서민들의 생활사를 사실에 가깝게 그리고자 하였다는 작가의 말에 공감하지 않을 수 없다. 독자의 한 사람으로서 소설 속의 잔혹사를 편린으로나마 더듬어봄으로써 등장인물들의 원혼을 진혼코자 한다.

소화와 정하섭의 만남은 이념을 초월한 혼신의 사랑이었고, 청년단으로서 벌교 바닥에서는 가장 무서운 존재인 염상구는 빨치산 강동식의 아내(외서댁)를 범함으로써 마침내는 가냘픈 여자의 몸으로 입산 빨치산 활동의 빌미를 제공하였으니 전두환 시대를 만났더라면 삼천교육대 정도는 다녀왔을 인물이었다. 특히나, 남성 독자들은 외서댁을 좋아했을 것이다. 쫄깃쫄깃한 맛과 그 강인성은 마치 백시종의 「주홍빛점박이갈매기」(『월간문학』 431호, 단편)에서 수중객귀가 된 옹점이 엄마와 같은 인물이기에 더욱 그렇다. 입산 빨치산 하대치와 과부 장터댁과의 맛깔나는 밤방아찧기 놀음은 독자들의 마음 요기를 더해 주었고, 지주 허출세는 소작을 핑계로 입산 빨치산들의 아내를 겁탈하는데 강동기의 아내 남양댁을 여덟 번씩이나, 그것도 부족하여 마삼수의 아내 몰골댁까지….

그리고 공산주의 이념이 확실한 이지숙과 안창민과의 산중 결혼, 계엄군 사령관 심재모 중위를 짝사랑했던 순덕이의 순수한 마음이 그립다. 전쟁이 끝나고 휴전이 되자 조계산·배야산·덕유산·백운산·회문산, 그리고 지리산에 있는 빨갱이 잔당을 토벌하기 위해 토벌대장으로 부임한 양효석 중대장을 맞는 그의 어머니 된재댁의 포만감 넘치는 아들자랑이 벌교 바닥의 지축을 뒤흔든다. 그 남편이 빨갱이한테 살해된 슬픔이 있었기에 당당한 아들의 모습이 하늘보다 높았으리라. 오래도록 기억하고 싶은 인물은 생각이 올곧은 서민영 선생과 전명환 병원장의 의술 아닌 인술이 이 시대의 영원한 스승상으로 남는다.

국립공원 제1호 지리산은 웅장하면서도 어머니의 품속같이 다사롭고 자애로운 태곳적 명산이다. 한반도의 척추 태백산맥이 서남으로 내리 뻗으면서 소백산맥을 이루고 그 남쪽에 우뚝 솟아 뽐내는 준령이 지리산이다. 이곳에서 입산 빨치산들은 최후를 맞이한다.

소설 속에서는 백 일에 걸친 군토벌대의 동계 대공세로 지리산에서만 일만팔천여 명의 빨치산들이 죽어갔다고 했다. 한국전쟁 중, 좌익에 의해 10만 명, 우익에 의해 90만 명의 민간인이 학살되었다고 한다. 만약, 미국을 시샘하는 중국이 선제적으로 북한체제 변화를 꾀하면 우리는 어떻게 될까? 고구려가 그들의 속령이었다고 우겨대는 역사 왜곡을 보듯이, 북한을 그들의 우방 운운하면서 북진할 때, 우리는 또다시 미국과 일본의 바짓자락을 붙잡고 몸부림칠 수밖에…. 개성공단에서 우리 제품이 나온다고 우리는 좋아들 하고 있다. 그야 중국의 입장에서는 남북이 통일되더라도 개성 정도는 양보할 심산인가 보다. 이마저도 급변하는 정세에 따라 춤추겠지만….

그러므로, 우리는 선진국 진입에 골몰하는 것도 좋지만 강대국들의 동향을 객관적이고 과학적으로 판단하여 이들과 슬기롭게 대처함으로써 다시는 『太白山脈』과 같은 소재거리의 빌미를 주지 않도록 힘을 모아야 할 것이다.

당신이 부럽습니다

로버트 켄케이드 씨! 당신이 부럽습니다.

당신은 참으로 이 세상 남자의 멋과 아름다움을 한몸에 휘감았습니다. 우리 같은 속물근성은 물욕과 명예욕, 그리고 자리다툼의 노예로 살아왔소만 당신은 푸른 잎새에 살포시 내려앉은 이슬방울 같은 아우라를 간직했습니다. 아니, 당신이 말했듯이 마지막 카우보이 중에 한 명이었지요. 웬만한 사람이라면 지천명에 이르면 자신을 잃기 쉬운데도 당신은 참사랑의 무한한 용기를 행동으로 보여주었습니다.

진솔한 사랑이 무엇입니까? 주어진 삶을 아름답게 펼칠 수 있는 고갱이와 같은 그런 존재가 아닐까요. 당신과 청보리처럼 풋풋한 프란체스카와의 사랑처럼 말입니다. 로즈먼 다리를 찍기 위해 당신은 그녀를 초대했지요. 그러나 작은 마을에 사소한 소문이라도 날까 봐 약속을 취소하고자 했던 당신에게 그녀의 용기는 대단했지요. "아뇨, 가서 선생님의 일하는 모습을 보고 싶어요. 소문 따위는 걱정이 되지 않아요." 그 이후, 당신은 그녀를 일시적 사랑땜이 아닌 만족스럽고 행복한 여인으로 새롭게 탄생시켰습니다.

당신도 아시겠지만, 플라톤의 『향연』이란 저서에 보면 원래, 사람은 남자와 여자가 합쳐진 하나의 몸이었답니다. 그런데 이 합쳐진 몸은 무서운 힘을 갖고 있었기에 가끔 신들을 공격까지 했답니다. 이에 제우스는 고민을 거듭하다가 인간을 그대로 생존케 하면서도 그 힘을 약하게 하기 위해 두 동강이로 나누다 보니 한쪽은 남자, 한쪽은 여자가 되었답니다. 그러다 보니 떨어져나간 반쪽은 다른 반쪽을 그리워하면서 다시 한몸이 되려고 했다지요. 이처럼 하나가 되려는 당신과 그녀의 열망이 있었기에 세상 사람들이 부러워하는 고결한 사랑을 그릴 수 있었습니다.

사람마다의 가치 기준에 따라 당신들의 사랑에 대한 시비가 일렁일 수도 있겠지만, 당신은 그녀에게 이렇게 말했지요. "내가 지금 이 혹성에 살고 있는 이유가 뭔 줄 아시오? 여행하기 위해서도, 사진을 찍기 위해서도 아니오. 당신을 사랑하기 위해서 이 혹성에서 살고 있는 거요. 이제 그걸 알았소. 내가 이생을 산 것보다도 훨씬 더 오랜 기간 동안, 그리하여 그 많은 세월을 거쳐 마침내 당신을 만나게 된 거요."

경외스러운 로버트 킨케이드 씨! 당신과 프란체스카와의 사랑 이야기를 『매디슨 카운티 다리』(1965년)란 명작으로 탄생시킨 작가 로버트 제임스 월러에게 진정으로 감사드리고 싶습니다. 한편, 당신의 사랑 이야기가 세상에 알려지고 47년이 지난 2012년에 정신과 전문의 하지현 교수가 쓴 심리치유 에세이 『사랑하기에 결코 늦지 않았다』가 장안의 화제랍니다. 전직 정신과 의사인 주인공 철주는 '노사이드'라는 바를 운영하면서 그를 찾아온 손님들의 고민을 치유해 준다는 이야기입니다. 그를 찾아온 손님들은 대부분 사랑이라는 것을 알면서도 시작하는 것을 머뭇거리고, 고백이라는 것에 대한 두려움으로 사랑할 수 있는 때를 매번 놓치게 되었답니다. 그럴 때마다 작가 하지현 정신과 전문의는 작중 인물 철주를 통해 자신 있게 사랑에 도전할 수 있도록 적극적으로 안내하고 있지요. 그러기에 '노사이드' 바를 찾는 손님들에게 당신은 그야말로 워너비 스타가 아닐 수 없습니다.

로버트 켄케이드 씨! 우리는 고독과 좌절, 그리고 소외감이 깊어질수록 당신과 같은 정서가 무척 그립습니다. 요한 볼트강 폰 괴테는 더 이상 사랑하지 않고 더 이상 방황하지 않는 사람은 죽은 것이나 다름이 없다고 했습니다. 그러기에, 쫓고 쫓기는 숨 가쁜 현대인에게 잠깐만이라도 버퍼링할 수 있는 마음의 공간을 마련해 준 당신의 사랑 이야기는 변방의 북소리에 그치지 아니하고 모든 사람들에게도 전이되기를 기대합니다.

빅토리아 여왕시대 대정치가 디즈레일리의 부인은 J.스위프트의 풍자소설 『걸리버 여행기』에 대한 이야기를 듣고 걸리버라는 분을 모시고 재미있는 여행을 함께 떠나고 싶다며 그의 주소를 알고자 했답니다. 당신 역시, 많은 독자들이 당신의 주소를 묻는다면 당신과 프란체스카와의 아름다운 사랑의 흔적이 새겨진 '매디슨 카운티 다리'라고 일러줄까 합니다.

끝으로, 당신의 영원한 사랑을 기리는 동방의 작은 친구로서 고백할 일이 있습니다. 로즈먼 다리에 붙였던 그녀의 메모를 훔쳐본 것을, 당신도 이해하리라 믿기에 여기에 공개하렵니다.

"흰 나방이 날갯짓할 무렵, 다시 저녁 식사를 하고 싶으시면 일이 끝나는 대로 오늘밤 꼭 들르세요."

수불석오권 手不釋五卷

독서는 멋있고 아름답다. 아무리 좋은 사랑일지라도 때로는 싫증과 권태기가 있기 마련인데 책읽기는 권태기가 없다. 소년시절, 세계명작 한두 구절 억지로 암기하여 독파한 것처럼 흉내독서로 어깨를 으쓱했던 일이 어제 같다. 벌써 퇴직하여 넉넉한 시간이 주어진 지금은 도서관에서 빌린 책이기에 기간 내에 독파해야 하는 의무독서로서의 문자향이 제법 맛깔스럽다.

가끔 옆 사람들이 요즘 뭐 하고 지내냐고 물으면, 나는 책 읽으면서 보낸다고 쉽게 대답한다. 상대는 그것도 하루 이틀이지… 마뜩잖은 곰삭은 젓갈 표정이다. 밥 먹는 일을 하루 이틀로 끝낼 수 없듯이 독서생활 역시, 하루 이틀로 끝장나는 일이 아니다. 독서를 통한 구지求知 본능을 채우는 일은 인간의 생리적 오욕 못지않게 평생작업이다. 한 송이의 꽃 속에 우주가 들어 있듯이 한 권의 책 속에는 삶의 희로애락과 만물의 존재 및 인생의 의미가 담겨 있고 생각하는 힘을 끝없이 제공해 주고 있다. 제한된 시간과 공간에서 몇몇 교수의 강의를 듣고 대학을 졸업하면 지식인이라 일컫지만, 책을 통한 강의는 시공을 초월하여 다양한 지식의 바다에서 풍랑과 함께 더 넓고 깊은 지혜의 맛을 만끽할 수 있다. 지극한 즐거움은 독서만한 것이 없고 지극히 요긴한 것은 자식을 가르치는 것만한 것이 없다고 하지 않던가. 더군다나 요즘 세상은 소설과 같은 현실 속에서 살아가야 하는 삶이기에 픽션과 팩트의 구분이 없다. 허구가 곧 사실이요 생활의 결정체結晶體다.

나에게 지난날 읽었던 소설 가운데 가장 기억에 남는 작품을 들라면 다음의 다섯 편을 소개하고 싶다. 소학에 '수불석권手不釋卷'이란 말이 있다. 손에서 책을 놓지 않는다는 의미다. 나는 다섯 작품을 읽을 때, 손에서 뗄 수 없었던 즐거움을 체험하고 이 단어를 통해 '수불석오권手不釋五卷'이란 조어를 생각했다.

첫 작품은 춘원 이광수의 「사랑」이다. 간호사 석순옥과 의사 안빈과의 지고지순한 사랑이야기는 젊은이들의 입맛에는 짜증날 정도로 답답할지라도 당시엔 밤 새워 그 아름다운 사랑에 흠뻑 젖었던 추억이 새롭다. 두 번째는 교과서를 통해 「독 짓는 늙은이」 「소나기」 「나무들 비탈에 서다」 등으로 낯익은 황순원 선생의 작품 가운데 「일월」이 가장 감명 깊었다. 우리 민속에 관한 학술보고서 이상의 백정白丁 세계를 인간의 숙명적 존재의식으로 탐구한 소설로써 다시 한 번 챙기고 싶다. 세 번째는 미국의 흑인 소설가 알렉스 헤일리의 「뿌리」다. '나'의 정체성을 찾기 위해 아프리카 감비아의 작은 마을에 대한 끈질긴 추적 끝에 노예로 처음 잡혀온 쿤타킨테 이래 6대에 걸친 모계 계통 내력을 추적한다. 이

과정에서 인권유린과 생명에의 고귀함에 대한 긴장감 등으로 가슴을 졸이게 했던 기억이 아직도 뭉클하다. 네 번째 작품은 조정래 선생의 『태백산맥』이다. 전남 보성과 지리산을 주무대로 펼쳐지는 이야기는 우리의 산역사를 교과서가 아닌 소설로 담아낸 짜릿하고 감칠맛 나는 스토리 전개가 인상적이다. 노벨문학상 심사위원들이 한국적 정서와 언어감각을 지녔더라면 『태백산맥』은 노벨문학상감으로 이미 으뜸이 되었으리라. 아직까지도 정권 주변에서는 좌우파 싸움으로 밥질을 하고 있지만 일제 강점기와 해방 그리고 6 · 25전후의 난세에서는 굶주림이란 대과제 앞에 사상논쟁은 이승만이나 김일성 주변에서는 필요했을지라도 일반 백성들에게는 무릉도원의 피리 소리로밖에 들리지 않았다.

그리고 최근에 읽었던 작품은 1963년과 64년에 걸쳐 8개월여 『경향신문』에 연재되었던 손창섭 선생의 장편단행본 『인간교실』이었다. 자유당 말기 비닐산업에 손을 댔으나 실패한 주인갑이 5 · 16으로 된서리를 맞은 실직자로서 두 번째 부인과 전처 사이의 소아마비 딸, 그리고 식모 보순이와 단출하게 살던 집에서 방 한 칸 세를 놓으면서 이야기가 전개된다. 세입자들의 생활상을 통해 서민들의 일상을 만화경처럼 비춰가는 형식이다. 첫 세입자는 황진옥이라는 여인이 들어오면서 사건이 벌어진다. 남편과의 불화 끝에 도망쳐 나온 황여인이 자기보다 10년이나 연하인 남자와 자주 혼숙하는 것을 못마땅하게 여긴 주인 주인갑은 그들을 내보낸 후, 두 번째 세입자를 맞는다. 대학생이라고 소개받은 윤명주와 조선영이었다. 그런데 점입가경이라고 대학에서 퇴학당한 윤명주는 댄스홀에 다니면서 안동철이란 청년과의 피부 속 분탕질은 물론, 저명한 인사들까지 방안으로 끌어들이는 창녀노릇은 마치, 가진 자들의 끝없는 황음무도荒淫無道한 욕구를 행동으로 묘사한 영화「돈의 맛」을 연상케 한다.

이들과 함께 어울리는 대학생 미스 조는 주인갑과의 대화에서 외엄내숭 떠는 사회지도층들에게 돌직구를 던진다. "육체를 파는 사람보다 의리나 양심을 팔아먹고 사는 것들이 더 한심하지 않아요. 이들은 정치가 · 교육자 · 종교가 그리고 사업가들에게도 우글우글하지 않아요. 미스 윤은 그들의 희생물이 된 끝에 비록 몸은 팔망정 아직 정신을 팔아먹은 적은 없지요." 이를 뒷받침이라도 하듯 미스 윤을 거쳐간 사람 중에는 부자간이나 형제, 그리고 사제간 등 인간 진면목이 숨겨져 있다. 이런데도 세상 사람들은 몸 파는 창녀만을 힐난할 뿐, 그 원인은 생각지 않는다. 마치 바다를 뒤엎는 파도는 바라보면서 파도를 일으키는 바람은 생각지 않는 세상 생태계의 반증이기도 하다.

남녀관계란 때로는 불과 기름 같은 존재이면서 누구나가 즐기는 매음증을 작중인물 주인갑을 통해 잘 나타내 주고 있는데, 이는 박범신의 소설『은교』에서 은교의 청순하고 아름다운 몸매를 훔쳐보는 노시인 이적요를 보는 듯했다. 한편, "남자란 나이 들면서 모든 것이 변해도 여자에 대한 감정과 욕망만은 변하지 않는 것이 말썽이다."라는 믿음을 버리지 못한 채, 주인갑은 도시의 살벌한 풍경에서 벗어나 귀농을 선택함으로써 소설은 결말에 이른다. 난마처럼 얽힌 미로 속 사랑[癡情?]의 끝을 독자의 몫으로 남겨 아쉽기는 하지만『인간교실』과 함께 사나흘 동안의 수불석권 시간여행은 참으로 즐거웠다.

헛똑똑이의 詩읽기

시인 오탁번 교수의 『헛똑똑이의 詩읽기』(2008년)는 순수한 우리말과 사투리의 감칠맛 나는 시어를 중심으로 자작시를 비롯, 국내 몇몇 시인들의 작품에 관한 해설서다. 나는 이 책을 통해 시적언어가 작품에 미치는 생명력이 얼마나 중요하다는 것과 그가 학생들을 가르치는 일상마저 시적 행위임을 단숨에 느낄 수 있었다.

좋은 글을 쓴다는 것은 수를 놓는 수틀에서 실 한 오라기라도 느슨해진다거나 실의 굵기가 0.01㎜라도 차이가 나면 수예는 더 이상 수예가 아니다. 글을 쓸 때도 육화된 눈썰미와 손맛이 되도록 익혀야 한다고 그는 책 머리말에서 강조했다. 눈썰미와 손맛의 비유는 마치 『장자』에 나오는 목공 윤편輪扁의 이야기를 본뜨고 있다.

제나라 환공이 책을 읽는데 수레바퀴를 깎는 목공이 묻는다. 지금 어떤 책을 읽고 계신지요. 옛 성인의 말씀이라네. 그러면 성인이 남긴

찌꺼기를 읽고 계시는군요. 이 말을 듣고 환공이 발끈하자 목공은 말한다. 바퀴를 만들 때, 너무 헐거우면 떨어져나가고 너무 빡빡하면 굴러가지 않습니다. 그런데 이것은 그냥 알 뿐, 말로 표현할 수 없습니다. 성인들도 정말 아는 것은 전하지 못했을 터이니, 공께서 읽는 책은 그들의 찌꺼기에 불과하지요. 목공의 이야기는 아는 자는 말하지 않고, 말하는 자는 알지 못한다는 장자의 말과도 맥을 같이한다. 원인 없는 결과가 없듯, 치밀한 분석과 노력 그리고 연륜에서 나오는 내공이 없다면 어떤 일도 저절로 이루어질 수 없다는 의미가 함축되어 있다.

그렇다. 빛깔 좋은 문학이론은 얼마든지 입이나 미사여구로 덧칠할 수 있을지라도 명작은 단순한 글자만으로 쓰여지는 것이 아니다. 오탁번 시인이 말하는 눈썰미와 손맛, 그리고 목공 윤편의 생각처럼 언어로 표현할 수 없는 일상의 내공으로 익힌 손끝 감각이 아니면 좋은 작품을 빚어낼 수 없다. 이는 신경증에 걸린 한 사람의 학자를 배출하기보다는 한 사람의 행복한 청소부를 배출하는 편이 낫다는 알렉산더 닐(영국의 서머힐학교 설립자)의 말처럼 거창한 이론과 학설보다는 자기중심의 일상적 체험이 오히려 값지다는 말로 이해된다. 한편, 오탁번 시인의 우리말에 대한 애착은 생각보다 강도가 무척 깊다. 『헛똑똑이의 詩읽기』 중 「방언과 시」라는 구절에서 우리말의 소중함을 다음과 같이 일깨운다.

"글로벌 시대의 격랑이 지구라는 행성의 생활방식과 문화를 모조리 뒤덮는다면 영어나 중국어 같은 몇억명이 사용하는 힘 있는 언어만 살아남고 인구가 1억 미만인 소수민족의 언어는 소멸될지도 모른다. 요즘 각 대학은 물론이요 초·중등학교에서까지 오로지 영어 하나에 목숨 거는 꼴을 보고 있으면 정말 이러다가는 우리의 민족어도 종당에는 사라지지 않을까 우려된다."

이처럼 글로벌 시대가 우리말과 글을 위협할지라도 이를 공고히 꼭 지켜야 할 책무는 바로 지금 우리 모두에게 있다. 우리말과 글은 우리 민족의 얼과 정령 그 자체이기 때문에 그렇다. 작은 대륙이 모여 초대륙이 되었다가 다시 흩어지는 '윌슨 사이클'이 수없이 순환할지라도 우리말과 글을 지켜야 한다는 믿음은 변할 수 없는 진리다. 어떤 이는 영어의 알파벳이 우리의 언어보다 과학적이고 이미 글로벌화 되었기 때문에 이에 동의할 수 없다고 착각할지도 모르겠다. 그러나 그것은 잘못된 생각임을 2012년 태국 방콕에서 열린 제2차 세계문자올림픽에서 확인되었다. 문자의 기원과 구조 · 유형 · 글자 수 · 글자의 결합능력 · 독립성 등에서 우리글이 1위, 인도의 텔루그 문자가 2위, 영어 알파벳이 3위로 나타났다. 이 대회 집행위원장을 맡은 이영하 전 레바논 주재대사는 알파벳 26자로 표현할 수 있는 소리는 300여 개에 불과하지만, 한글 24자는 8천여 개의 소리를 낼 수 있기에 짧은 시간에 이뤄지는 정보전달 능력은 타의 추종을 불허한다고 했다.

이처럼 훌륭한 우리말과 글을 계승 · 발전시키는 창조적 행위는 많은 언중의 힘들이 밑동이 되어야 하겠지만 사회지도층의 솔선수범이 무엇보다 절실하다. 지식인들의 외국어 마구잡이 남용과 스마폰 시대에 국적 불명의 이모티콘 기호 등의 비문자 행위는 우리말과 글의 생존을 위태롭게 하고 있다. 설상가상으로 박대통령은 취임 초, 미국 상 · 하원 의원들이 합석한 자리에서 영어로 연설하여 40여 차례의 박수를 받았다는데, 이 기회에 우리말을 유창하게 사용했더라면 얼마나 국위선양과 우리 민족의 자긍심을 북돋았겠는가. 중국방문 때도 이와 같은 일이 반복되었다. 중국의 동북공정과 함께 북한이 붕괴되면 북녘의 땅덩이가 바로 우리의 온전한 국토로 이어질까. 냉정히 생각해 볼 일이다. 측근들과 사이비 언론들의 어부바에 함몰되어 잠깐일지라도 우쭐감에 사로잡혔다면 대통령은 국가와 국민을 대표한다기보다는 한 개인으로 전락할 수밖에 없다. 비공식적인 사석에서는 이해가 되지만 공식적인 자리에서는 통역이 있지 않은가. 다른 정상들은 상대국의 언어를 구사할 줄 몰라서 자국어만을 고집하는 것일까. 진정으로 삼가고 부끄럽게 생각해야 될 일이다. 현학적이고 소영웅주의에서 벗어나 당당히 우리말로 연설하는 멋있는 대통령을 우리는 바라보고 싶다.

오탁번 시인의 생각도 나와 같을 것이다. 그의 시적 함의를 설명하는 글에서, 백악관을 허연집이라 한다면, 청와대는 퍼런집, 멍든집이라고 재밌게 구사했다. '멍든집'이란 거기 살던 사람들은 역대로 임기를 마치자마자 다 멍들곤 했기 때문이라고 했다. 언어의 마법사답다. 그러기에 멍들지 않은 대통령이 되기 위해서는 창조 · 혁신 · 진돗개 타령도 좋지만, 나만의 머쓱한 원칙과 신뢰보다는 우리 모두가 공감할 수 있는 원칙과 신뢰를 지키면서 처음의 작심을 행동으로 옮기는 참따란 지도자가 되기를 희망한다. 한국시인협회의 방언시집 『요 엄창 큰 비바리야 냉바리야』(2007년)에서 오세영 시인의 머리말이다.

> 다 아는 바와 같이 언어는 민족의 영혼이자 정신입니다. 따라서 언어가 소멸되면 그 민족의 문화 역시, 사라질 수밖에 없고 민족문화가 사라지면 민족 자체가 소멸될 수밖에 없습니다. 그런데도 알게 모르게 우리의 일상에서는 외국어가 남용되고 여러 가지 물질적, 도구적 탐닉에 정

신을 빼앗긴 사람들이 속절없이 우리의 국어를 팔아먹는 형태가 자심합니다. 이와 같은 현상이 지속되면 머지않아 우리의 국어 역시, 세계어의 수준에서 폐기될지도 모를 일입니다. 따라서 언어의 주인이라 할 오늘의 한국 시인들은 그 어느 때보다도 국어의 중요성에 대해 성찰하고 그 보존과 발전에 심혈을 쏟지 않으면 아니될 상황에 처해 있습니다. 이것은 국제간 하나의 전쟁입니다.

뫼꼬지

김춘수 시인은 빛깔과 향기에 알맞은 하나의 의미를 꽃으로 표현했다.

> 내가/ 그의 이름을 불러주기 전에는/ 그는 다만/ 하나의 몸짓에 지나지 않았다.// 내가/ 그의 이름을 불러 주었을 때/ 그는 나에게로 와서/ 꽃이 되었다.

나는 딸애의 이름을 '봄맞이'라고 지었다. 직장 초년시절 국어교사로서의 자긍심과 한글 이름의 매력 때문이기도 했지만, 공교롭게도 입춘일에 태어났기에 쉽게 생각할 수 있었다. '봄맞이'란 이름 때문에 주위에서 귀여움도 많이 받고 자랐으며. 지금은 두 아이의 엄마로서 봄의 햇살처럼 풋풋하게 젊음을 만끽하고 있다. 한글 개명으로 두 번째로 법원 판결을 받은 한글학자 김슬옹 교수는 '슬기롭고 옹골차다'에서 지은 이름이다. 조선조 매월당 김시습 선생의 이름은 논어의 첫 구절 '학이시습지불역열호'에서 따서 자신의 이름을 '시습'이라 했다. 탤런트 송일국은 세 쌍둥이를 두었는데 첫째는 대한 · 둘째는 민국 · 셋째는 만세라고 한다.

피천득 선생의 일화다. 당시, 문자 정도 해득할 정도면 '주사'란 호칭을 붙였는데 '피주사'라고 부름으로써 장안의 화제가 되었던 시절도 있었다. 최근 미국 버지니아주에서 있었던 실화 한 토막, 자동차 한 대가 엄청난 속도로 질주하다 과속으로 경찰의 제지를 받게 되었다. 그런데 경찰은 딱지를 떼지 않았다. 운전자의 이름이 '니카노로 오바마'였기 때문이었다고 한다. 부정한 경찰을 탓해야 할지, '엣지있다'고 칭찬해야 할지….

지명 이름도 재미있다. 경남 거제시의 '망치리'라는 지명이 있는가 하면, 생태마을 조성과 산적소굴까지 만든 강원도 평창군의 '소도둑놈마을'은 예스러운 이름을 잘 활용하여 관광수입이 쏠쏠한 마을이다. 그런가 하면, 나의 군대 시절 사단본부가 있던 파주시 문산읍汶山邑은 해마다 물폭탄이 쏟아지는 상습 홍수지역이요, 구리시 수택동水澤洞은 10여 년 전, 온시내가 연못처럼 변해버려 큰 호우피해를 당했던 지역이었다.

어린 시절, 나의 고향 마을을 '뫼꼬지'라 불렀다. 한자로는 山花라고 표기하였다. 5~60년대의 농촌생활은 그야말로 초근목피 보릿고개를 넘겨야 했다. 흰밥은커녕 따뜻한 아랫목 놋그릇에 보리밥 한 그릇이 그리웠던 그때 그 시절, 우리 마을은 인근 마을 중에서도 가장 가난한 마을로 한두 집을 제외하고는 남의 품팔이로 연명하였다. 설상가상으로 가뭄과 홍수 때문에 매년 흉년 농사로 고리채에 의존하지 않을 수 없었다. 이토록 너무도 힘들게 살다보니 그 까닭을 '뫼꼬지[山花]'란 지명 때문이라는 여론이 많았다. 山花는 봄에 피었다가 바로 시들어 버리는 속성 때문에 마을 명칭에 문제가 있다고 믿었다. 그래서 '기린리 山花(뫼꼬지)'라고 부르던 것을 아예 '뫼꼬지'를 빼고 '기린麒麟' 마을이라 부르기로 주민들이 결의, 오늘의 지명으로 굳어졌다. 그래서 그런지, 어렵게만 살아왔던 우리 마을이 지금은 집집마다 승용차가 있을 정도로 부유한 모범마을로 발전, 이웃의 부러움까지 받고 있다. 나의 ID 역시, 고향 마을 이름을 본받아 기린(kirin)으로 하고자 하였으나 이는 일본의 대기업명칭으로 이미 등록되었기에 kr를 덧붙여 kirinkr로 쓰고 있다.

이처럼, 우리는 인명이나 지명의 이름 속에 길흉화복이 있다고 믿어 예부터 풍수지리적 속성을 고려한다거나 음양오행을 잘 따져 짓고자 했으나 이제는 발음상의 어려움, 촌스럽고 흔한 이름이라 하여 개명을 요구하는 사례가 많아졌다. 아내도 '정순자'란 이름을 '정보미'로 호적까지 고쳤다.

그렇지만 요즈음 연예계 특히, 젊은 가수들과 아파트 등의 무정란 이름들이 용트림하고 있어 안타깝다. 인도네시아의 소수민족 찌아찌아족은 한글을 공식문자로 채택했다. 한글이 훌륭한 글자임을 입증한 사실이 아니겠는가. 그러나 서울 세종로에 세종대왕상까지 세워놓은 이 땅에서 우리말을 우리 스스로가 짓밟고 있으니 그저 헤갈스럽고 씁쓸하다.

신세대 가수들의 이름은 써니 · 나르샤 · 하라 · 카라 · 티아라 · 케이윌 · 에프터스쿨 · SG워너비 · 슈퍼주니어 · 샤이니 · 원더걸스 · 2PM · 제시카 · 2NE1 · SES · G드래곤 · 일렉쿠키 · 핑클 · 백뱅 · 다비치 등이 있고, 아파트 이름조차 위브더제니스 · 파크타운 · 베르디움 · SK뷰 · 더

샵 · 그린애비뉴 · 아이파크시티 · 롯데캐슬에코 등으로 노부모가 혼자 찾아가리란 모래바닥에서 바늘 찾기보다 힘들게 되었다.

조兆 단위네요

봄은 아름다움을 창조하는 꽃들의 세상이다. 우주의 별들이 땅에 떨어져 꽃으로 피어난 듯, 그 꽃은 다시 인간의 마음을 아름답게 물들이고 있다. 그러나 이번 광양국제매화축제는 매화가 제대로 꽃을 피우지 않은 채 열렸다. 『채근담』에 이르기를 꽃은 반쯤 피어 있을 때가 좋고, 술은 얼큰할 정도가 좋다고 했던가. 그러기에 눈에는 꽃망울이 가슴에는 만개한 꽃들이 그려진다. 몇 해 전의 일이다. 모악산벚꽃잔치 역시 벚꽃은 아직 피지 않았지만 초청가수들의 흐드러진 노래가 끝날 무렵, 이를 주관한 김제시장이 무대에 오른다.

"~국립민간육종연구단지(시드밸리)가 백산면 일대에 선정되었는데 35조 원 가량의 지원이 기대되며 이밖에 새만금농업용지, 국가식품클러스터 등등 김제시는 수십조의 경제적 효과가 나타날 것으로 전망됩니다.~" 이에 김차동(JTV) 사회자의 재치 있는 유머가 터져 나왔다. "그러니까,

김제시는 사업마다 조兆 단위네요."를 확인하고 다시 힘주어 "사업마다 좆도 아니네요."라고 강조하자 청중들의 폭소가 터진다.

얼마 전, 전주시청에서 김성녀 국악인의 '우리 소리 사랑 이야기'란 주제로 시민강좌가 열렸다. 판소리의 추임새에서는 '얼씨구'는 있어도 '절씨구'와 '지화자', 그리고 경칭을 써서는 안 된다는 것이다. 그런데 박동진 명창이 창을 하는데 손자뻘 고수가 '좋~다!' 라고 추임새하기가 민망했던지 '좋습니다!'라고 하니까 "좆습니다! 야 이놈아, 그러니 나더러 어쩌란 말이야."라고 되받았다는 일화를 소개한다.

우리말의 묘미랄까. 이런 정도의 육담 정도는 방랑시인 김삿갓(김병연)을 따를 자 없을 것이다. 영월군 김삿갓면 와석리의 김삿갓 유적지에 그의 작품이 조형물에 잘 새겨져 있다. 방랑 중에 한 서당에 들러 훈장에게 홀대받자 즉석에서 내뱉은 아래의 시는 너무도 잘 알려져 있다

> 서당에 일찍 와서 보니 書堂來早知 / 방안에는 모두 존귀한 분만 있고 房中皆尊物 / 생도는 모두 열 명도 못 되는데 生徒諸未十 / 선생은 나와 보지도 않더라 先生來不謁.

이 원문을 독음하면 육담이 될지라도 문장은 5언 절구의 즉흥시로 백미가 아닐 수 없다. 이처럼 언어의 속성은 너무도 다양하다. 욕설은 아닐지라도 평범한 일상 대화가 자칫 잘못하여 여성비하 혹은 성희롱으로까지 내몰리는 사례도 심심찮다. 화근은 평상심의 인간관계와 주어진 상황에 따라 비롯된다. 이미 알려진 정객들의 실언을 반추해 본다.

한나라당 강ㅇㅅ 전 의원은 대학생 토론회 끝의 식사 자리에서 아나

운서를 지망한다는 여대생에게 “다 줄 생각을 해야 하는데 그래도 아나운서 할 수 있겠는가.”라고 했고, 한나라 강ㅈㅅ 전 대표는 2007년 모 신문 연재소설 이름을 언급하며 “요즘은 왜 안 해, 하루에 세 번 하더니, 한 번은 해 줘야지.” 그러는가 하면, 안ㅅㅅ 전 대표도 “요즘 룸살롱에 가면 자연산만 찾는다더라.” 이밖에도 2007년 대선후보 시절 이ㅁㅂ의 ‘마사지걸’ 파문과 “여성은 남성보다 더 진화했다. 여성은 OO 하나가 더 있지 않으냐”는 여성비하 발언이 빌미되어 이번 새누리당 공천(경북 고령 · 성주 · 칠곡)까지 탈락된 전 KT부회장 등이 아직도 인구에 회자되고 있다.

지금 생각하면 나 역시, 재직시절 교무실에서 여선생한테 “김 선생 후딱 옷 벗고(운동복 갈아입고) 나와! 나 먼저 가서 기다릴게.(강당에서)…” 방과 후 배드민턴에 많은 선생이 열중할 때인데 이 정도의 농담은 쉽게 맞받아 찧었고, 경기가 시작되면 여선생에게 “이리와요, 나와 함께 살게!” 하면 웃음바다가 되었다. 여교사 이야기가 나왔으니 이에 관한 너스레가 생각난다.

“1등 신붓감은 예쁜 여선생이고, 2등 신붓감은 못생긴 여선생이고, 3등 신붓감은 이혼한 여선생이고, 4등 신붓감은 애 딸린 여선생이다.”라는 말을 들었다고 나ㄱㅇ 전 의원은 경남 여성지도협의회 정기총회 자리에서 소개했다. 여교사를 존대하는 발언인지 비하하는 속셈이었는지는 독자의 몫으로 남겨두겠다. 한편, 우익기독교정당 창당을 주도한다는 ㄱㅎ목사는 지난날 남양주 양수리의 열린 기독교지도자 포럼에서 “우리가 기독교정당을 만들어서 헌법을 개조해 아이 5명을 안 낳으면 감방에 보내는 특단의 조치를 취해야 한다.”며 횡설수설하였는가 하면, 여신도

들이 내 앞에서 아래를 벗으면 내 신도요, 거절하면 똥이다는 발언으로 벌레 먹힌 나무가 태풍까지 불러들인 파문을 던진 바 있다.

이렇듯, 욕설과 성적 비하는 농담 · 유머 · 코미디에 자주 등장하여 지친 삶의 자연산 진통제 구실을 조금은 할 수 있을지라도 지나치거나 자주 쓰면 그 사람의 품격까지 추락한다. 홍수가 난 뒤에 배를 준비할 수 없고, 이미 죽고 난 뒤에는 죽음을 준비할 수 없듯이, 말은 신중을 기해야 한다. 그리고 여운이 넘쳐야 한다. 둘째를 잉태한 임산부가 검진을 위해 유치원 다니는 딸을 데리고 산부인과에 갔다.

"엄마, 뱃속에 아기 생긴 거야."

"응, 남자야."

"아이 좋아라! 내가 아빠한테 전화할게."

"아빠, 엄마한테 남자 생겼대!"

살맛 챙기기

지난 겨울방학이었다. 시집간 딸애의 전화다.

아빠, 혜원(외손녀)이 전북교육문화회관에서 거문고 배우기로 했으니까 보름 동안만 수고해줘요. 시간은 9시에 도착하면 11시 30분쯤 끝날 거야. 너무 시간이 지루한데, 도서실에서 책도 보면 되잖아.

퇴직자에게 가진 것은 시간이요, 남는 것 역시 시간임을 이미 알고 전화한 것인데 어찌하랴. 딸애의 모처럼의 부탁인데 거절하기도 쉽지 않았다. 실컷 뒹구는 게으름에서 벗어나 잠깐 동안이나마 출퇴근할 수 있는 기회라 생각하고 오히려 고맙게 받아들였다. 나한테 한자 4급까지 거뜬히 마친 초등 3학년 외손녀와 사랑도 깊이 새길 겸 가벼운 마음으로 시작한 것이 벌써 끝나는 날이 다가왔다.

보름 동안 외손녀의 기사노릇 시너지로 3층 도서열람실에서 실컷 지혜의 바다를 항해할 수 있는 행운도 얻게 되었다. 그런데 열람실의 출입문에서 여닫을 때마다 '탁탁' 소리가 들려 독서하는 데 신경이 쓰였다. 이틀 정도 참아 보았으나 인내하기가 옹색스러워 근무자들에게 눈빛을 돌리니 한 남자 직원이 두 여자와 히득거리고 있었다. 나는 그들 앞에 불쑥 다가가 출입문에서 소리가 나는데 돈 한 푼 들지 않고 볼트만 죄어도 괜찮을 것 같으니 한번 살펴보라고 했다. 당황한 기색을 보이며 셋이 출입문을 만지작거리더니 불편한 소리가 금세 사라졌다. 괜히 간섭한 것 같아 미안하기도 하였지만, 내 귀에만 들리고 그들에겐 안 들렸을지라도 도서실 분위기를 위해 어쩔 수 없었다고 자위할 수밖에….

월요일이었다. 평상시처럼 3층 열람실에 들어서니 오늘은 휴관이라고 했다. 4층 독서실을 이용하라고 안내한다. 4층은 3층보다 아주 아늑하고 독서하기에 좋았다. 이렇게 훌륭한 시설인데도 빈자리가 많아 아쉬웠다. 다음날 3층 열람실에 들어가는데 '월요일은 휴관입니다'라는 안내문이 그대로 출입문에 붙어 있었다. 아마 직원이 다른 출입구를 이용하여 깜박 놓친 것 같다. 직원에게 이 사실을 알리니 황급히 제거한다. 간섭하기 좋아하는 교장 출신의 신분은 숨길 수 없나 보다. 큰 것보다는 작은 것이 아름답다고 했던가. 조금만 관심 둔다면 모든 것이 정상인데, 평상시 안전에 둔감하여 큰 사고로 이어지는 경우가 우리 주변에 얼마나 많은가.

2011년 2월, 광명역 KTX 탈선사고는 일상적인 정비과정에서 7㎜ 너트 하나를 빠뜨린 것이 화근이었다. 이로부터 3개월 후, 코레일의 기장이 자신의 가방을 제동버튼 위에 올려놓고 달리다 두 차례나 멈췄던 일을 우리는 기억하고 있다. 2012년 12월, 영국 에어쇼에서 최우수상까지 수상한 공군 김완희 소령이 추락사한 것은 정비사가 10㎝ 차단선

하나를 뽑지 않아 조종관 미작동으로 발생한 사고였다. 2013년 1월, 삼성전자 화성사업장 반도체 생산라인에서 일어난 불산 누출사고 역시, 저장탱크의 밸브관리 소홀로 귀중한 생명까지 앗아갔다. 또 두 달 후, 한 명이 숨지고 백여 명의 이재민과 5ha가 잿더미로 변한 포항의 산불은 중학교 1학년 학생의 라이터 불장난이 화근이었다. 나쁜 기억을 너무 토해낸 것 같다. 한편, 박근혜 정부는 많은 대선공약을 지키고자 깜냥깜냥 노력하고 있으나 어떤 택시 기사의 말이 감동적이다. 비록 작은 일일지라도 교통질서 하나만 잘 잡아도 훌륭한 대통령이 될 수 있다는 것이다. 교통문화는 곧, 국격을 높이는 대표적인 문화의 상징이기 때문에 그렇다고 하였다.

세월의 빠름을 다음과 같이 곧잘 표현한다. 물 흐르듯 한다. 흰 망아지가 달리는 모습을 문틈으로 내다보는 것과 같다. 그러나 찰스 램은 「정년 퇴직자」란 글에서 정체된 시간을 만끽하고 있다. "어떤 의미로는 내겐 시간이 멎어 있다. 나는 계절의 차이를 모두 잃었다. 요일도 모르고 날짜도 모른다. 나는 은퇴한 한유거사다."

그렇기는 하지만, 평범한 우리와 같은 퇴직자는 남은 삶에 대한 해답을 얻기 위해서라도, 뒷방 늙은이로 스러지지 않기 위해서라도 언제나 일요일이요, 날마다 공휴일이요, 항시 휴일을 잘 관리하여야 할 것이다. 나는 다행히 배드민턴 바이러스 보균자로서 일주일에 서너 차례 힐링의 특혜가 주어졌기에 스스로 감사하는 마음으로 운동하고 있다. 그리고 외손녀 때문에 전북교육문화회관 회원증도 발급받게 되었으니 그동안 소홀했던 독서생활도 즐겁게 함으로써 다양한 세상의 살맛을 다부지게 챙기는 것도 좋을 듯싶다. 때마침 중광 스님의 「이상하다」란 글이 내 마음을 솔깃하게 쏘삭거린다.

> 이 나라 삼천리강산 가는 곳마다 한탕주의뿐이다. 큰일 났다.
> 사람들이 셋넷만 모이면 여관에 들어가 화투 놀음을 한다.
> 사우나탕에 가보면 젊은이들이 가득 코를 골며 정신없이 자고 있다.
> 쉬는 공간에서 책을 읽는 사람은 눈 비비고 찾아봐도 없다.
> 이상하다.
>
> —「괜히 왔다 간다」에서

언어야, 놀자

말은 해야 맛이고 글을 써야 남는다. 이렇듯 말과 글은 인간이 만물의 영장으로서의 창의적 활동을 위한 몫을 다하고 있다. 이는 단순히 원초적 뜻의 전달기능 이상의 함축적 기능을 지니고 있다. 자동차도 두 가지 이상의 역할이 융합된 하이브리드 기능을 강조하듯이, 지난날에는 한 우물파기 교육이 대세였다면, 디지털노마드 시대인 오늘날은 1인 다기적 재주를 기르는 데 시간을 쪼개고 있다. 언어 역시, 1차적 의미기능보다는 2차적 기능에 더 관심이 많다. 일반적으로 사람마다 의사 전달하는 방법은 다르겠지만, 다음 네 부류로 소통하는 사례를 살펴볼 수 있다.

첫 부류는 18대 대선 당시 여권 후보는 솔선수범을 솔선을 수범하여, 이산화탄소를 이산화가스로, 전화위복을 전화위기 등으로 표현한 바 있다. 그런가 하면, 서울국립박물관 전시관에 '덧붙여'를 '덧붙혀', '불리며'를 '불리우며' 등 틀린 단어나 오탈자 그리고 비문이 30여 개 발견되었다는 보도는 한글날을 다시 공휴일로 지정한 의미가 무색할 정도다. 이는 입이 큰 물고기 요리를 일컫는 아귀찜을 아구찜으로, 순우리말이라 착각할 정도의 빨치산은 파르티잔(partizan)의 원어에서, 일본어와 같은 '오모가리'는 전라도에서는 '뚝배기'로 쓰임에도 제대로 인식하지 못한 채 활용되고 있는 사례다.

그리고 의학전문용어 중에서 이제까지는 여드름, 짧은뼈, 달팽이 등의 쉬운 우리말을 좌창, 단골, 와우라로 표현해 왔다. 미국도 예외가 아니다. 2010년 상원에서 만장일치로 통과한 쉬운 글쓰기 법안이 대표적이다. '물고기들이 헤엄치고 있다.'는 단순한 의미를 '수중 척추동물이 근육을 조작해 전진 추동력을 얻고 있다.'고 지금까지 써왔던 것은 쉬운 내용을 어렵게 표현한 경우다.

다음 사례는 장하준 교수의 '복지 없인 성장 없다는 사회적 합의'에 대한 표현이다. 삼성 이건희 회장과 현대차 정몽구 회장을 향해, 재벌이 크는 데 국민들의 피땀이 들어간 것이 사실 아니냐, 사회에서 받은 게 있으면 갚아야겠다는 생각을 해야 한다는 것이 사회적 합의정신이라고 했다. 이는 어려운 내용을 쉽게 풀이한 사례다.

끝으로, 이 글의 주제인 쉬운 말을 재미있게 표현한 사례다. 이는 함축적 의미의 동음이의어同音異議語가 주류를 이루고 있다. 한자의 경우, 화가 치밀어 '성났다.'는 것을 성性으로 표현하면 외설적 의미를, 이밖에 개미改美허리, 일제고사枯死, 웃는 동안童顏(윤성희의 단편), 돈豚있소牛(전주뷔페 상호), 호두好頭 깎기(미장원의 상호), 영계鷄소문(안동찜닭 전문점), 걸레도인盜人(중광스님), 서書로 서書로(문인협회독서회), 중국에 진출한 우리友利은행, 야스쿠니 신사神祠(젠틀맨), 갑을 관계의 을사乙死조약, 한

우愛 빠지다(KBS1의 프로, 한국인의 밥상), 米스코리아 전북쌀, 無더위, 상上이란 접두사도 재밌다. '상남자'는 아주 좋은 남자란 뜻인데, '상거지'하면 부정적 의미로 쓰인다. 이밖에 큰 덕은 비움의 덕이고, 사사로운 덕은 공덕公德이 되지 못하므로 공덕功德을 이루지 못하니 공덕孔德이 될 리 만무하다(『노자, 예수를 만나다』). 이상은 이상 이상이었다(가수 조영남 저서의 책명). '신뢰'란 의미도 다양하다. 경제에서는 신용, 정치에서는 신념, 친구 간에는 신의, 가는 방향이 같으면 동지가 된다. 얼마 전 작고하신 황수관 신바람 박사가 TV오락프로에 나와 사오정 이야기를 꺼냈다. 사오정 집에 강도가 들어왔는데 돈을 내놓지 않으면 죽을死 준비를 하라고 하니 아들이 우리 집엔 죽粥은 없고 밥밖에 없는데요, 전국노래자랑에서 사회자가 '다 함께 가요歌謠 전~국'을 선창하면 '노래자랑'은 객석에서 제창하는 것도 좋을 듯싶다.

영어의 음원을 활용한 경우도 다뿍하다. 지난날 MBC를 명박씨 · KBS를 김비서(김인0 전사장) · 이리 오너라 업고Up go 놀자 · 잔 비어Beer수 · 질러바BAR(위스키와 호프가게) · 싸가기Sagagi(옷가게) · 단편영화 「삐삐가 울리다」에서 마지막으로 삐삐에 울린 숫자 982(굿바이Good bay) · 사랑으로路(도로공사) · 여女보세요(눈썹광고) · 미친美親 사람 · 페이퍼컴퍼니(paper company, 유령회사), 음식과 성의 에로틱한 관계도 재밌다. 성행위에서 오르가즘에 빗대어 맛있는 음식을 푸드가즘, 그리고 '먹는다'는 중의적 표현도 함께 쓰인다.

한편, 준말은 어떤가. 이명박 시절은 고소영(고려대 · 소망교회 · 영남인), 박근혜 정부는 고서영(고시 · 서울대 · 영남인) 중용으로 영자돌림 내각 · 아궁이(아주 궁금한 이야기, mbn프로명) · 치맥(치킨에 맥주 한잔) · 당신(당구의

神)을 비롯하여 Webtoon(웹web, 만화cartoon) · meditel(의료medicine · 숙박hotel) · nomophobia(no, mobile, phobia, 모바일이 없으면 불안감과 공포에 휩싸이는 현상) · FBI株(food · bank · IT) · GF(girlfriend) · aftn(afternoon) · 2day(today) · b4(before) 등 소통발달원리로 받아들인다면 새물새물할 수밖에….

공자는 아들 백어에게 시를 배웠느냐고 물었다. 아직 배우지 못했다고 하니, 시를 배우지 않으면 말을 제대로 할 수 없다고 하였다. 이렇듯 말 속에는 함축적 · 다의적 · 중의적 · 상징성 등, 시적 의미의 하이브리드 기능이 함의되어 있음을 시사한 가르침이 아니겠는가.

그 대표적 사례가 전 민주당 손학규고문이 대선예비후보 당시 서민경제와 경제민주화를 '저녁이 있는 삶'으로 표현했고, 프란치스코 교황의 취임 첫 마디는 '좋은 저녁입니다.'라고 하여 인류에게 평화로운 삶을 강조했다. 대통령인수위 시절 박 당선인은 중산층 복원을 위해서는 '손톱 밑의 가시'와 '신발 안의 돌멩이'를 해결해야 한다고 천명했다. 공교롭게도 시진핑 중국 국가주석이 첫 해외순방국인 러시아에서 '신발론'을 제기했다. 중국의 인권문제나 소수민족 정책 그리고 주변국과의 영토문제 등에 대하여 "신이 발에 맞는지는 신은 사람만이 안다."라고 하여 미국 등 서방국과의 간섭을 에둘러 표현한 말이 인상적이다. 집권 2년차를 맞은 박근혜 대통령은 규제완화의 필요성을 강조하면서 "쓸데없는 규제는 우리가 쳐부술 암 덩어리." 라고 하자, 당시 김한길 민주당 대표는 "국정원이야말로 나라의 암 덩어리." 라고 맞받았다. 암 덩어리를 몸속에 안고 투병하고 있는 중환자들에게는 어떻게 들렸을까. 지난날 노무현 대통령의 막말정치에 실망한 사람들이 많았었다. 역사는 돌고 돈다지만, 그저 가슴이 아프고 에리다. 언젠가 박대통령은 무심코 던진

돌멩이로 죄 없는 개구리가 죽을 수도 있다는 말까지 했는데 혹여, 힘 있는 자의 험악한 말로 인해 고귀한 생명들이 병실에서 무력감에 빠지지 않을까 두렵다.

조금 어그러진 사례일지라도 노래는 박자가, 시는 운율이, 구호는 호흡이 중요하다. 그런데 전주시의 로고에 '가장 한국적인 도시, 힘 솟는 전주!'라고 제법 시적 멋을 부린 듯하나 여기에서 '도시' 때문에 호흡이 엉켜버렸다. '가장 한국적인, 힘 솟는 전주!'라고 하면 얼마나 강렬하고 호흡이 안정적인가. 물론, 전라북도의 '이제는 바꿉시다!'라는 엉뚱하고 우매한 외침보다야 견줄 바가 아니겠지만….

한편, 일제강점기 조선어말살 정책 이전엔 학교에 조선어 시간이 주어졌다. 전학 온 생도가 조선어 시간에 무의식중에 일본말이 튀어나오자 어떤 아이가 냅다 "야 임마, 조선 밥 먹고 왜 일본 똥 뀌냐?"라는 핀잔이 하근찬의 단편 「노은사老恩師」에 소개된다. 최인훈의 「광장」 서문에서 '광장'은 대중의 밀실이며 '밀실'은 개인의 광장이라고 했고, 충남대 류동민 교수는 모일간지 칼럼에서 정치란, 말과 밥 사이에서 균형을 찾아나가는 게임이라는 넋두리로 표현했다. 웹사이트(새벽이슬)에 의하면, 마누라에게 인정받기 위해서는 3소(그렇소, 맞소, 옳소)와 5쇠(마당쇠, 자물쇠, 구두쇠, 모르쇠, 변강쇠)를 잘하는 남편이 최고라고 한다. 정끝별 시인은 엄니 · 엄마 · 어무이 · 오마니 · 어매, 그리고 어머니가 세상의 몸[體]이고 맘마[食]이고 맘[心]이고 말[言]이라 했다. 초보운전자들의 재치도 아름답다. 당황하면 후진해요/ 면허 있다 해도 안 될 놈은 안 돼!/ 분하다 내가 초보라니!/ 개그콘서트에서 꽃거지가 추월하면 500원/ 이 역시 아우라가 넘친다.

같은 말이라도 바르고 좋은 말을 쓰느냐, 옹졸하고 나쁜 말을 쓰느냐는 그 사람의 선택이요, 긍정적이면서 아름답게 표현하는 것도 그 사람의 습관이다. 헛헛할지라도, '그럴 리가?'와 같이 언짢은 언어습관은 다 내려놓고 '그랬구나!'와 같이 편하게 소통하며 언어와 재밌게 노는 것도 즐겁지 않은가.

천천히 그리고 깊게

오랜만에 서가를 훑다 보니 『빌게이츠@ 생각의 속도』라는 책이 눈에 들어온다. 첫 장을 날름 넘겨보니 '사랑하는 당신에게 1999. 5. 29. 아내가 드림'이라는 수필手筆이 눈에 띈다. 다시 서너 장을 넘겼다. '이 책은 나의 아내 멜린다와 딸 제니퍼에게 바친다.'라는 저자의 작은 활자가 인상적이다. 가족을 사랑하는 생각의 속도는 동서양이 같은 모양이다. 마이크로소프트사를 창업한 빌 게이츠는 새로운 세계의 혁명적 변화를 속도혁명에 비유했다. 그의 속도혁명은 그냥 속도가 아니라 광속보다 빠른 생각의 속도라고 했다. 그는 유선을 통해 인터넷에 접속, 정보를 찾는 웹생활양식을 선도하였지만, 휴대폰 디지털 기기를 통해 상시적 접속을 유지하게 될 앱생활문화(오늘날 스마트폰)도 예고했다. 우연인지는 몰라도 2012년 노벨물리학상은 슈퍼컴퓨터가 150년에 걸쳐 처리하던 것을 불과 4분 만에 풀 수 있을 정도로 빠른 속도의 양자量子컴퓨터 개발을 연구한 두 과학자들에게 돌아갔다.

그러니까 그의 웹스타일이 지축을 울릴 무렵, 학교현장에서는 열린 교육과 함께 속독속해술速讀速解術이 큰 물결을 이루었다. 5~10자씩 묶음을 시작으로 빠른 동공훈련을 통해 문장별 혹은 단락별로 좌우대칭으로 형태 · 내용 · 소리 · 위치 등, 네 가지를 동시에 작동시켜 1년에 100권 이상 읽히기 경쟁으로까지 내몰았다. 그러나 오늘날에는 오히려 천천히 그리고 깊게 읽기를 권장하고 있다. 교과서를 속독하여 후딱 암기하면 어떻다는 것인가. 웹이나 앱보다 더 많이 저장할 수 있을까.

진정한 독서란, 삶에 대하여 자신을 되돌아보는 일, 나의 경험과 접목해 생각해 보는 일, 그리고 내 삶이 조금씩 달라져가는 일이 되어야 할 것이다. 오사무의 『천천히 읽기를 권함』이라는 책을 비롯하여 지독遲讀과 미독味讀을 강조한 『천천히 깊게 읽는 즐거움』이란 하시모트 국어교사의 이야기가 요즈음 일본에서 화제라고 한다. 돼지 꼬리 잡고 순대 달라는 속담은 독서교육과 거리가 멀다. 독서는 목적과 상황에 따라 적용하는 방법이 다르다. 도서관에서는 목독을 · 청중 앞에서는 낭독을 · 교과서나 논문 등은 나무 표면에 쇠시리 하듯 정독을 · 신문은 주제와 부제 정도의 남독을 · 소설은 통독을 · 시는 영혼의 심미적 혜안을….

혹자는 한가한 소리 지껄인다고 할 것이다. 속독이든 정독이든 책을 가까이 하는 정신문화가 고갈된 현실을 직시하지 못한다고 말이다. 비근한 사례로 2011년 한 언론사의 정치부장은 『운명』을 썼다는 문재인의 초청을 받아 서재를 구경할 수 있었는데 신간은 없고 6~70년대의 책만 있어 깜짝 놀랐다고 했다. 그 무렵 박근혜 의원의 집에는 아예 서재마저 없었다는 사실이 한동안 화재가 된 바 있었다. 그래도 지난날에는 거리에 작은 책방들은 즐비했다. 지금은 온라인서점 탓도 있겠지만 눈부시게 화려한 상가풍경이 거리를 장식하다 보니, 출판사에서 직영하는 대형서점 이외는 소규모 책방들은 자취를 감추고 말았다. 강남 영풍문고 자리에 의류매장이 들어섰고, 신촌의 홍익 문고가 폐업 직전 기사회생 했다지만 대학가 역시 예외는 아니다. 먹거리 등의 소비문화에 함몰되어 상아탑의 지성미보다는 부모의 등골탑이 하늘을 치솟고 있다.

종이 위에 꾹꾹 눌러쓰는 글과 손가락으로 키보드 치는 글쓰기가 다르듯이, 글 읽기와 책읽기는 다르다. 지하철의 광고문이나 온라인 정보들은 문자이기에 감동이 없다. 뜻만 이해하면 되기 때문이다. 책읽기는 글을 통해 나와 세계 그리고 아름다운 삶을 찾는 일이다. 그러기에 웹이나 앱을 통해 검색어를 찾는 것은 글자를 얻는 것이요, 책읽기는 아무리 빠른 양자컴퓨터라 해도 흉내낼 수 없는 인간 두뇌의 창조적 활동이다. 알베르토 망구엘은『책 읽는 사람들』에서 이상적인 독자는 텍스트를 절개해서 껍질을 들어내고 골수까지 파고들어가 동맥과 정맥을 일일이 추적해서 완전히 다른 생명체를 얻어내는 번역가의 입장에서 읽어야 한다며 후한 말기 동우董遇의 '독서백편의자현讀書百遍義自現'을 에둘러 강조했다. 온라인서점 아마존이 2007년 전자책단말기 킨들을 내놓자 종이책은 곧 사라질 것이라고 했지만 역시, 밑줄을 치고 생각하면서 읽을 수 있는 듬직한 종이책이야말로 감칠맛 나는 독서가 아니겠는가.

천천히 그리고 느긋함을 이야기할 때, 비상구를 태평문이라고 일컫는 중국 사람을 생각지 않을 수 없다. 그들은 상대와 헤어질 때 만쩌우慢走(천천히 가세요.), 식당에서 요리가 나오면 만만츠慢慢吃(천천히 드세요.)가 일상용어였지만 안타깝게도 이들 역시, 한류 탓인지 지금은 돈 받으러

오라면 10분 안에 도착할 정도로 빠름에 익숙해지고 있다. 그렇더라도, 이제는 버려야 한다. 속도에 대한 미련을, 성과에 대한 집착을…. 뛰다 보면 다 놓친다. 씨앗이 발아되고 싹 트는 과정을 지켜보는 농부의 기다림과 같이 천천히 걸으면 새로운 생각이 번뜩인다. 그런데도 통닭은 구구데이(9월 9일)가 아니어도 잘 팔리는데, 책은 세계 책의 날(4월 23일)이 되어도 안 팔린다고 한다. 장사는 팔아야 남는다지만, 책은 읽어야 통닭 이상의 구수한 참맛을 맛볼 수 있는데 말이다.

해밀을 바라보며, 비구니 정목스님의 『달팽이가 느려도 늦지 않다』나 혜민스님의 『멈추면, 비로소 보이는 것』과 함께 하는 좋은 계절이 돌아왔다. 그러기에, 천천히 그리고 깊게 생각하면서 글만 보지 말고 제대로 책을 읽는 것도 좋을 듯싶다.

영화관 나들이

쾌한 웃음 끝에 찾아오는 따스한 감동!
"넌 장난감이었을 뿐이야"
서연 선우선
영은 조보아
토비 | 아론 폴
줄리아 | 이모겐 푸츠
베니 | 키드 커디
디노 | 도미닉 쿠퍼
Story
판타지의 리얼 액션 시대가 열

그대를 사랑합니다

"내 사랑 내 사랑 사랑한단 말도 못하고, 내 사랑 내 사랑 그대는 사랑 한 번 못해 본 사람 ~그대여 사랑한다 말해 주세요.~" 한서경의 「내 사랑」이란 가요의 일부이다. 가사 내용이 참으로 답답하다. 사랑하는 마음은 가득한데 고백을 못하고 속앓이를 하고 있다.

영화 「그대를 사랑합니다」(감독 추창민)에서 눈만 마주치면 버럭대는 까도남 김만석(이순재)이 어느 날, 미소가 어여쁜 송이뿐(윤소정)에게 "그대를 사랑합니다."라고 당당하게 고백하는 황혼의 러브스토리가 한서경의 「내 사랑」을 얕잡고 있다. 고령사회 운운하면서 이 땅의 늙은이로서 차마 감내할 수조차 없는 고난의 상황들이 얼마나 즐비한가. 그런데 이 영화를 통해 황혼의 사랑일망정 젊은이들과도 공유할 수 있는 스토리를 전개함으로써 오랜만에 좋은 영화 한 편을 재밌게 볼 수 있었다.

이 영화는 비록 허구일지라도 진실함이 생생하게 묻어나는 우리들의 이야기이다. 모처럼, 나이 든 사람들도 으쓱해 보일 수 있는 아기자기하면서도 익살스럽고 해학이 묻어나는 골목길의 구수한 삶의 발자국은 젊은이들과 함께 공감하는 데 충분했다. '당신을 사랑합니다.'라고 말하고 싶지만, 곁을 떠난 부인한테만 쓰던 '당신'이란 용어는 아무에게나 함부로 쓸 수 없다고 생각되어 '그대'라고 할 수밖에…. 화중인물 김만석(이순재)의 입에서 송씨! 송씨!(윤소정)하고 부를 때마다 그녀의 얼굴에서 피어오르는 미소는 위안부로 끌려가 후쿠오카에서 홀로 살다가 지난 대강진으로 생사가 불투명한 송신도 할머니의 열여섯 모습을 보는 듯했다.

또 하나의 감동은 비록 치매에 걸리기는 했지만, 아이다운 순진함과 사랑스러운 순이(김수미)가 살아 존재하는 것만으로 최고의 기쁨으로 여기는 주차장 관리인 군봉(송재호)의 된장국 같은 구수한 노부부의 이야기이다. 끝내는 치매와 더불어 참기 어려운 통증으로 몸부림치는 아내를 혼자 보낼 수 없다는 생각으로 밀폐된 공간에서 아내의 손을 꼬옥 잡은 채, 고통 없는 저 세상으로 동반여행을 떠난다. 칸국제영화제(2012년)에서 황금종려상을 수상한 오스트리아 미하엘 하네케 감독의 「아무르(Amour, 사랑)」에서 아내의 치매와 마비 그리고 사랑하는 사람을 잃어가는 고통과 「그대를 사랑합니다」에서 군봉영감 부부의 아픔은 우리들의 미래를 미리 보는 것 같았다.

그런데, 화면 속 군봉영감은 실제에서도 있었다. 수많은 통증에 시달리다가 건강한 남편과 함께 죽음을 맞은 행복 전도사 방송인 최윤희는 "평생을 진실했고 준수했고 성실했던 최고의 남편, 정말 미안하고 고마워요."라는 유서를 남겼다. 최윤희의 남편은 외로운 길을 부인 혼자 보낼 수 없다 하여 동반여행을 떠남으로써 군봉영감의 연기를 비웃었다.

한편, 아이돌이 없는 화면에서 그것도 이렇다 할 스타 배우도 없이 토박한 노인네들의 사랑 이야기임에도 관객이 몰려든 것은 족히 200년 이상이란 명품 연기경력자들의 캐릭터였기에 가능했으리라. 순제작비 11억 원에 관객 70만 명이라면 손익분기점이라는데 100만 명 이상이 흥행에 참가했다니 이보다 더 기쁠 수야!

'그대들 사랑합니다.'란 고백은 사랑하는 이에게 할 수 있는 최고의 선물이다. 용기 있는 자에게 사랑의 운명이 미소 짓듯이, 이처럼 아름다운 이야기들이 우리 이웃들에게도 판타지가 아닌 현실로 드넓게 전이되었으면 한다. 온갖 교언영색으로 표 몰이에 마른 침을 삼켜야 하는 권력 쟁취 종사자나 황금을 인생의 최고의 가치라 여기는 졸부들도 이 영화를 감상한다면, 서민들의 애환과 인생의 진솔한 아름다움의 세계를 따스하게 여행할 수 있으리라.

은교가 왔구나

'시작은 미미하지만 끝은 창대하리라.' 성경의 말씀을 중국 공산당 창당대회 발기인의 한 사람인 둥비우가 다시 인용한 글인데 아직도 상하이 '중공1대회터'기념관에 휘호로 걸려 있다. 그 당시 13인의 발기인이 지금은 13억 인구의 6%가 당원으로 성장했으니 정치적 용어로써는 딱 맞다. 학생들에게 첫인상보다는 마지막 인상이 중요하다는 안철수 대표 의원의 교수시절 조언 역시, 교육적으로 그럴 듯하게 들린다.

그러나 영화 「은교」(원작 박범신)에서 시인 이적요(박해일)의 마지막 부분 '잘 가라 은교야'보다는 '은교가 왔구나!'의 시작점이 얼마나 싱싱하고 마뜩한 삶의 향기가 덧나는가. 영혼이 호흡하는 남녀의 사랑은 갈무리보다는 만남과 과정이 중요하다. 부인도 딸도 없는 칠십 대의 국민시인 이적요의 눈앞에 청보리같이 풋풋한 열일곱 여고생 은교(김고은)가 나타났다. 세상이 새롭게 보였다. 봄비 내리는 차창에 뭉클뭉클 맺힌 물방울을 닦는 은교의 허리와 종아리를 훔쳐보는 노시인의 눈빛은 영롱하고 맥박은 고동친다.

한 문학평론가는 모 일간지에 영화 속의 시인을 '어떤 노년의 괴물 같은 욕망'이라는 제호로 글을 남겼다. 한마디로 노욕이고 추문이요, 괴물 같은 충동이라는 것이다. 나는 사회 통념상 도저히 이해할 수 없다는 그 글을 읽고 마치, 스승의 작품을 통째로 훔친 가짜 소설가 서지우(김무열)란 허구적 인물을 보는 듯했다. 노년의 초연함과 지혜는 칭송하면서 여성의 체취가 성적 욕구를 뼛속 깊이 담금질하는 상황에서 젊음과 늙음이 다르다고 탓할 수 있을까.

칠십대의 시인 이적요는 청순한 여고생과의 만남에서 사랑을 느끼기까지의 자신의 감정을 젊음의 가상과 현실을 넘나들며 여과 없이 자서전적 소설 『은교』를 탄생시켰다. 그러나 위 평론가가 지적했던 대로 남세스러울 같아 장롱 속에 간직해 두었던 것을 제자 서지우가 발견, 틀스러운 스승으로서는 도저히 세상에 내놓지 못할 것으로 판단하고 자기 이름으로 당당히 『문학동네』에 발표한다. 제자에게 도둑맞은 자신의 작품이 '이상문학상'으로 뽑힌 시상식 축사에서 시인은 "너희 젊음이 너희 노력으로 얻은 상이 아니듯, 내 늙음도 내 잘못으로 받은 벌이 아니다." 라고 불편한 심기를 내비친다.

그러니까, 영화 「은교」 속의 작품 『은교』는 액자 소설로 이해된다. 이 소설을 읽은 은교는 자신을 아름답고 예쁘게 표현한 것에 대한 기쁨을 소설가 서지우와의 황홀한 육체적 교감으로 갚는다. "여인은 자기를 기쁘게 해 주는 이를 위해 단장을 한다.(女爲悅己容)"고 사마천이 말했던가. 이 불편한 현장을 목격한 스승 이적요가 제자 서지우를 죽음에 이르게 할 정도로 은교를 아꼈던 충정은 나이와 무관한 사랑의 영혼이 꿈틀거렸기 때문이리라.

"더 이상 사랑하지 않고 더 이상 방황하지 않는 사람은 죽은 것이나 다름없다." 요한 볼프강 폰 괴테의 말이다. 괴테 역시, 칠십대에 접어들어서 55세나 어린 소녀에게 열정을 느꼈다. 그 소녀는 괴테란 대학자가 자신에게 관심을 가져 주는 것만으로도 마냥 즐거워했다. 괴테가 막상 청혼하자 소녀는 당황하여 거절한다. 그러나 괴테의 사랑은 단순한 장난이 아니었음을 「마리엔 바트의 비가」에 잘 옮겨졌다.

이렇듯 진실한 사랑은 관심과 베푸는 마음, 그리고 책임감이 동반되어야 한다. 노시인 이적요에게 여고생 은교는 책임감이 문제였다. 장래를 약속할 책임감이 없다면 짬짜미와 쾌락에 빠지기 쉽기 때문이다. 그렇다고 늙었다는 수치만으로 책임 여부를 가름할 수는 없다. 젊은 소설가 서지우와 은교와의 알몸 속을 헤집는 혼신의 욕정 속에서도 쾌락만이 있을 뿐, 책임감은 보이지 않는다.

생뚱맞다 할지라도, 인간은 사랑하고 사랑받기 위해 태어났다. 그것은 인간의 본질이자 인간이 살아가는 존재이유다. 나이와 신분 그리고 겉치레 등의 군더더기가 사랑의 절대적인 조건일 수 없다. 시인과 소녀도, 젊음과 늙음도 예외는 아닐 것이다. 그러기에 '잘 가라 은교야'보다는 '은교가 왔구나!'를 되뇌며 그들의 만남을 오래도록 기억해 두고 싶다.

진정한 범죄와의 전쟁을

1972년, 박정희 정권은 10월유신에 대한 비상조치를 발표한다. 교직 초년생인 나는 정부의 일방적인 홍보의 덫에 함몰되어 유신만이 살 길임을 철석같이 믿었다. 당국은 박봉에 허덕이던 교사들에게 대폭적인 처우개선과 함께 유신 홍보요원으로서의 역할을 부여했다. 그 당시 학부모나 지역주민들은 요즈음과는 달리, 선생님을 예우하는 사회적 분위기였다. 유신헌법에 대한 국민투표에 참여하여 찬성할 수 있도록 교사에게 각각 마을을 맡기고 방과후에 마을을 순회하면서 주민들을 설득하도록 했다.

주민들은 한결같이 유신헌법은 걱정 마시고 선생님들께서 앞장서서 깡패들을 소탕하고 법을 강력하게 집행(높은 양형)하도록 정부에 건의해 달라는 것이다. 칼날이 시퍼런 그때도 강력범들의 활동은 여전했나 보다. 전두환 때, 심증은 있으나 물증이 없었던 건달들이나 민폐를 일삼는

지방 숙주들을 용광로에 집어넣었던 '삼천교육대'와 노태우의 '범죄와의 전쟁선포' 등의 히트 상품마저 이제는 피의자인권이란 그늘에 가려 참따란 사회는 멀어져만 가고 있다.

그래도 지난날의 주먹들은 순진하게 폭력을 행사함으로써 불법이 겉으로 드러났지만, 요즈음은 합법적 기업형태의 위장조직으로 불법·탈법·범법적인 수단으로 정치권과 공생하면서 서민들의 삶까지 갉아먹고 있다. 호박에 줄 긋는다고 수박이 될 수 없듯이 조폭이 진화한들 조폭일 수밖에 없다.

나는 젊은이들의 호흡을 훔치기 위해 아내와 함께 가끔 영화관을 찾는다. 우리 부부가 본 영화는 대부분 관객동원에서 언제나 상위권을 형성하였다는 보도에 흐뭇하면서도 이들 영화가 아무리 허구일지라도 나로서는 감동적인 감정이입으로만 남지 않는다. 왜냐하면, 허구는 자연현상과 진실한 삶의 모방에서 비롯되기에 우리는 진짜 같은 가짜, 가짜 같은 진짜 속에 살아가고 있기 때문이다. 도스토예프스키의 비참한 삶과 강남 한 고교생의 아파트 투신자살 등은 사실인데도 마치 허구와 같다. 「그대를 사랑합니다」「도가니」「부러진 화살」, 그리고 「범죄와의 전쟁」 등의 영화 역시, 팩트와 픽션의 한계를 넘나듦으로써 관객몰이에 성공했다.

「부러진 화살」과 「범죄와의 전쟁」은 그 연관성이 깊다. 「부러진 화살」처럼 불신에 갇힌 구멍 뚫린 법망이 아니라, 피해자들이 만족할 수 있도록 법조인들의 촘촘하고 강력한 의지가 구현되었더라면 「범죄와의 전쟁」은 한낱 흥미로 끝나버릴 허구로만 기억될 것이다. 비리 세관 출신, 로비의 달인 최익현(최민식)과 '싸워야 할 때 싸워야 건달입니다.' 라는 신념의 주먹보스 최형배(하정우)란 두 나쁜 놈들의 전성시대는 허구라기보다는 우리 이웃에서 쉽게 찾아볼 수 있는 리얼한 삶의 실체들이 아니겠는가. 이익이 있는 곳에 의리 · 신뢰 · 윤리까지도 빛나지만, 불익 앞에서는 흘러간 유행가에 지나지 않는다. 인정에 약한 구석도 보이면서도 뜻에 거스른 자에게는 잔인무도함을 연기한 보스 최형배 역의 하정우는 스크린에서 처음 보는 얼굴이었으나 그의 젊은 카리스마는 나를 흥분시키기에 충분하였다. 한편, 허구적 인물일지라도 돈과 여자 등 어떤 로비도 통하지 않은 강직한 조범석(곽도원)과 같은 검사가 우리들 곁을 지켜준다면 서민들에게는 천군만마의 힘을 얻을 수 있겠지만, 영화는 영화일 뿐이라고 마음을 접을 수밖에….

기원전 3세기 무렵, 한비는 순자의 제자로 성악설에는 동조했지만, 예로써 사회질서를 바로잡아야 한다는 '예교'에는 뜻을 달리했다. 한비는 예보다는 법치를 주장하며 군주가 법을 바로 세워 강력한 힘을 길러야 나라가 부강해진다는 '법가사상'을 내세웠다. 그가 쓴 『한비자』에서도 강조했듯이 법을 최고의 권력으로 보고 지위와 신분을 막론하고 어떤 사람이든 법의 통제를 받아야 한다는 그의 주장이 오늘에 실현되었더라면 얼마나 좋은 세상이 되었겠는가.

어느 모임에서 들은 우스갯소리다. 대한민국에서 일생에 한 번쯤 해보고 싶은 선망의 자리가 세 곳이 있는데 첫째 대통령이요, 둘째는 카드사의 사장이요, 셋째는 조직의 두목이라고 한다. 인생 최고의 돈과 힘을 그리고 안락함을 자랑할 수 있는 자리로서 씁쓸하지만 조금은 이해됨 직하다.

이렇듯 먹먹하고 막막하고 멍멍할지라도 안거낙업安居樂業이란 말이 시사하듯 일하고자 하는 사람들에게 일할 수 있는 기회와, 누구나가 땀 흘려 일한 몫을 제대로 챙길 수 있는 원칙과 신뢰가 통하는 세상을 위해 제2의 진정한 '범죄와의 전쟁'을 맞이하고 싶다.

그렇다고 요즈음 경찰기관에서 학교폭력과의 전쟁을 선포하는 수준의 어리석은 발상은 그야말로 코미디에 불과하다. 학생인권조례 등에 편승하는 사회적 분위기에서 학생을 직접 지도하는 교사들의 손발을 묶어놓고 학교폭력근절 운운하는 것은 모래밭에서 황금 찾겠다는 꼼수에 불과하다. 오죽하면 교사들이 학생지도에 어려움을 느끼고 명예퇴직을 선호하는 지경에까지 이르렀는지 톺아볼 일이다.

돈의 맛

배우 장자연의 자살사건이 머릿속에서 지워질 무렵, 제65회 칸국제영화제 경쟁부문에 진출한 「돈의 맛」이 다시 기억을 토해낸다. 고 장자연은 내 고장 정읍 출신이기에 나로서는 관심이 많았다. 그래서 1%의 가진 자들의 환락잔치에 쫓기다 돈 대신 자살을 선택한 「그 1%를 위하여」란 제명의 수필을 『문맥』에 이미 발표한 바 있다.

영화 「돈의 맛」은 며느리(윤여정)가 시아버지에게 젊은 여인을 열심히 바침으로써 돈독한 믿음을 쌓는다. 마침내 재벌가의 안주인으로서 독버섯으로 늙어가는 풍요 속의 고독을 남편 윤회장(백윤식)의 비서와 굶주린 성욕으로 분탕질한다. 이혼한 딸마저 그 비서와 정염의 불꽃을 피우며 외국여행을 떠난다. 부유한 가운데 결핍을 느낀다는 것은 인간의 고통 중 가장 혹독한 것이라고 괴테는 지적했다. 그래서 그랬을까. 소중한 생명까지 빼앗으며 혈연관계마저 무너뜨리는 재벌가들의 난교

성찬亂交性饌을 보노라니 영화 「은교」에서 은교의 알몸 그림은 그래도 애교스럽다.

윌리엄 셰익스피어는 햄릿의 고뇌를 죽은 아버지에 대한 연민으로부터 비롯되었다고 했다. 어머니 거트루드 왕비는 아버지의 장례식에서 흘렸던 눈물이 채 마르기도 전에 시동생이자 새로 왕이 된 클로디어스의 품에 안긴다. 햄릿은 이를 가장 사악한 속도라 비난한다. 그렇다면 어머니(윤여정)와 딸(김효진)이 비서(김강우)와의 격정적인 육체적 교감은 가장 잔인한 속도라고 힐난받아 마땅할 일이다. 한편, "걔는 그게 죽기보다 싫었다는 거 아냐. 나 되게 반성 많이 했어."라고 실토하는 윤회장의 입을 통해 장자연의 자살은 가진 자들의 간접살인이었음을 짐작케 한다.

영화에서 이재용 삼성전자 사장 변칙증여를 연상시키는 재벌 3세 윤철(온주완)은 할아버지에게 받은 60억으로 200조 상당의 그룹을 세금 쪼금 내고 통째로 물려받는다. 물론, 그 과정에서 외국인 브로커에 의해 돈세탁한 비자금을 법원 · 검찰 · 언론 그리고 정치인에게 안기는 것은 필수적이다. 안주인(윤여정)은 "판사나 기자나 돈 달라는 것들 투성이야. 걸신들린 것처럼" 이런 재벌가의 추악한 행태를 목격하면서 돈에 물들어가는 비서 주영작의 모습을 보노라니 마치, 2007년 SBS드라마 「쩐의 전쟁」에서 금나라(박신양)가 돈에 복수하려다 돈의 노예가 되어버린 과정이 클로즈업 되었다. 우표 수집하는 사람은 우표 한 장에 벌벌 떨듯이 돈 많은 사람 역시, 돈 한 푼에 대한 애착은 꼭짓점을 향한다.

한편, 영화에서는 방마다 폐쇄회로를 설치한 채 서로의 일거수일투족을 감시하고 거슬리는 자가 있으면 청부살인도 서슴지 않는다. 마치, 이명박 시절 청와대의 친위대격인 국무총리실 공직자윤리관실에서의 민간인까지 사찰한 행위나, 구글이 자사 서비스 사용자들의 개인정보를 통합관리 하겠다는 독점욕은 빅브러더의 환생이 아닐 수 없다. 그러기에 프레보의 소설 『마농 레스코』에서 보듯이 돈 많은 남자와 사치스런 향락에 농축되어가는 허구는 실제에서도 얼마든지 목격되는 현상들이다. 박근혜정부 첫 조각에서 법무부 차관으로 내정된 김씨를 비롯, 검찰 · 경찰 · 국정원 · 전국회의원 · 병원장 등 10여 명의 고위층들이 건설업자 윤 모씨의 별장(원주시)에서 성접대 환각잔치에 참여했다는 보도가 서민들의 가슴을 아리게 한 바 있다. 우리는 이처럼 가짜 같은 현실, 화면 속의 이야기가 진실이 되어버린 세상을 살아가고 있다.

매끼돈은 비록 1%의 가진 자들만의 대상이 아니다. 살인적 고금리로 채무자들을 불구로 만들거나 목숨까지 빼앗는 김기덕 감독의 「피에타」도, 고객 돈을 사금고화 하는 일부 저축은행 회장들도, 건전한 기업을 보이지 않는 힘과 야합하여 합법적으로 무너뜨리는 조폭들도, 카지노의 메카 강원랜드 정선주민들이 못살겠다는 것도, 부처님도 모르는 스님들의 도박공양도, 예수님의 눈까지 가린 대형교회의 십자가가 하늘을 향해 분노하는 것도 역시 돈이다. 수표와 신용카드 그리고 온라인 입출금 제도가 훌륭함에도 5만 원짜리 지폐가 굳이 필요한 까닭을 이제야 알 것 같다.

"고기를 먹으며 다투기보다는 채소를 먹으며 화평한 것이 낫다." 라는 성서의 '잠언'은 풍족한 소유보다 풍요로운 존재로 살아가야 한다는 삶을 말해 주고 있지 않은가. 다행히 세계 네 번째 유네스코 음식창의도시에 선정된 전주의 음식맛과 참삶의 맛을 빚어낸 영화 「달빛 길어올리기」는 곰팡내 나는 돈의 맛을 치유하는 소금으로써 우리들에게 아름다운 자긍심을 심어주었다. 그러나 영화 「돈의 맛」에서 1%의 재벌가 자제들과 어울려 지낸 한 미국인의 다음과 같은 표현이 왠지 찝찝하다.

Money is easy, Fucking is great. Korea is great country!

돈은 쉽고, 섹스는 멋져. 한국은 정말 최고의 나라야!

삶의 존재는 푸른 생명으로부터

여름날의 낭만

조석으로 가을 내음이 살갗에 닿는다. 며칠 전만 해도 불볕더위를 피해 산으로 바다로 인산인해를 이루었는데 벌써 가을이라니…. 지난 시간을 아쉬워하는 노변객의 탓인지는 몰라도 나는 여름이 좋다. 그것도 애매한 여름이 아니라, 뜨거운 여름이 더 좋다. 입적하신 법정 스님은 봄이 와서 꽃이 피는 것이 아니라, 꽃이 피니 봄이 오는 것이라고 하며 꽃 피는 아름다운 봄을 좋아하셨다고 한다. 누가 봄을 싫어하겠는가. 봄 가운데도 늦은 봄이 호시절이기는 하나, 마음대로 샤워꼭지를 뽑어내며 온몸에 찬물을 끼얹기가 좀 밍근하기에 나는 봄보다는 여름이 더 좋다. 여름에는 열정만큼의 땀방울을 볼 수 있어 속지 않아서 좋고, 울울한 삼림에 들어서면 청량한 음료수가 없어도 삽상한 맛이 저절로 스며들기에 좋다.

젊은이들이 푸른 꿈을 그리는 원대한 바닷가는 어떤가. 언덕배기에 부딪치는 파도의 용맹은 여인네의 속살 같은 흰 포말이 되어 보기만 해도 시원하다. 바다가 노래하면 갈매기도 합창하고 거선이나 작은 고기잡이배들도 덩달아 춤을 추는 일망무제한 여름바다는 그 푸르기가 마치 하늘 속을 뒤집어 놓은 듯하다.

한편, 고향이 있어도 향토색이 죽어버린 도시적 풍광보다는 용인 민속촌 같은 곳에 들어서면 쓰르라미 소리가 정중한 교향곡은 아닐지라도 농악 정도의 수준은 넘친다. 울타리 밑의 자투리땅에서 좋은 세상을 이어가고 있는 쑥부쟁이 · 민들레 · 도라지 · 목련 · 덩굴장미 · 접시꽃 · 해바라기가 40여 년 전에 돌아가신 아버님을 상긋하게 반긴다.

막걸리 두어 산에 장터 모퉁이에서 사르르 눈을 감으면 철부지 소년은 온동네를 누빈다. 화려한 색채나 촉각을 자극하는 강렬한 냄새가 아니더라도 속물근성을 제어한 평상심으로 너와 나 그리고 사물을 바라볼 수 있는 정서가 듬뿍 담긴 초가 두 칸 흩집 마루에 앉아 꾸럭꾸럭 타오르는 모깃불 연기에 취하면, 선비와 한량이 따로 없다. 그저 마음이 잠잠하고 모든 것이 포용과 달관의 경지에 이른다.

이것만이겠는가. 우리의 여름 산천은 어떤가. 인생에서 가장 추억담이 절절하고 아름답고 오랫동안 갖고 싶어하던 시절이 청소년기라 한다면 진녹색에 물든 녹음의 자연 역시, 여름만이 느낄 수 있는 풍만함을 간직하고 있다. 눈빛만 봐도 상대방이 무엇을 말하는지 알 수 있는 이심전심 같은 그러한 대화가 가능한 여름의 산천은 화폭 속의 그림이 현실로 튀어나와 박힌 듯한 아름다움이 있다.

또한 여름만이 이열치열을 경험할 수 있다. 강렬한 젊음의 햇살을 피해 실내에서 창을 닫고 배드민턴으로 두어 시간 땀비 쏟다보면 온몸이 불길에 그을린 듯한 화기가 넘친다. 이럴 때쯤 '쏴—아' 하고 폭포수 같은 물을 쏟아붓는 그 상쾌한 맛을 어찌 다 표현하리.

뜸부기 울음으로 흥건한 여름밤은 허황한 몸짓을 드러내는 인간 욕망의 갈증이 아니라, 온갖 생명체가 왕성하게 상징하는 숨결을 내뿜는다. 노란 삼베천으로 전신을 감싸고 배드민턴에 지친 나른한 육신을 잠자리에 내던지면 행복한 단잠은 아침을 맞는다.

좋은 친구 만들기

지난날 나는 남일해의 「빨간 구두 아가씨」란 노래를 좋아했다. 그러다가 그의 신곡 「반갑다 친구야」가 나오자 새롭게 불러봄으로써 나의 애창곡이 되었다. 그러나 노래방을 피하는 연륜에 묶여 이마저 부를 기회가 보이지 않는다.

시집간 딸내미가 오랜만에 집에 들러 책 한 권을 방바닥에 내던져 놓는다. 솔깃한 마음으로 훔쳐보니 『아주 가벼운 깃털 하나』란 공지영의 에세이다. 재밌는 속살이 눈에 들어온다. 친구와 애인을 다음과 같이 구분하였다. 친구는 영원한 만남의 약속을 할 수 있지만, 애인은 헤어질 수 있는 짧은 만남이라는 것이다. 여자가 남자를 친구로 만드는 것은 연애를 하고 싶은데 상대가 응해 주지 않는다거나 왠지 필이 꽂이지 않기 때문이라고 한다. 한편, 남자가 여자를 친구로 삼는 딱 한 가지 이유는 혹시, 언젠가 애인이 될 수 있을까 하는 희망이 남아 있기 때문이라는 너스레가 소개되었다.

그렇다고 애인보다 친구를 더 믿을 수 있을까. 나의 고장, 정읍의 전봉준 장군은 입암산성의 관군도 백양사의 스님도 그를 감쌌지만 궁지에 몰리자 옛 부하인 순창 쌍치 피노리의 김경천 집을 찾았다. 그러나 그의 밀고로 붙잡히게 된다. 김개남 역시 그곳에서 조금 떨어진 정읍 산내 종산리에서 친구의 밀고로 죽음에 이른다. 민족상잔을 겪은 세대는 아직도 기억이 생생할 것이다. 인민군보다 더 무섭게 경계해야 할 대상은 바로 우리 이웃이라는 것을…. 이렇듯 인적 관계의 친구나 애인은 시공을 초월하여 믿는 데 한계가 있나보다. 그렇다면, 절대적으로 믿을 수 있고 변함이 없을 내 여생의 동반자가 될 좋은 친구는 없을까.

내 생각만이 지고지순한 것으로 믿고 앞장서기 잘하고 서두르다가 손해 많이 보았던 젊은 시절, 우리는 앞으로 내달리는 사슴만을 쫓다가 산의 아름다움마저 놓쳐버린 압축성장이란 속도전에 매몰되어 살아왔다. 그리고 지금은 안드로이드와 지노이드가 지배하는 세상에서 살아가고 있다. 어린이 교육마저 속전속결지도를 외쳐대고 있으니 충실한 기본보다 당장 이겨먹는 잔재주에 목을 매고 있다. 빨리 하려고 하면 제대로 하지 못하고 조금의 이익을 얻으면 큰일을 이루지 못한다는 『논어』의 가르침을 내팽개치고 있다. 교도소에서도 무기수보다 단기수들이 몸부림치는 이유를 알 것 같다.

이토록 쉼 없이 내달리다가 갑자기 고장 난 벽시계가 되어버린 퇴직생활을 통해, 느림과 게으름의 철학이 얼마나 소중한가를 새삼 느낀다. 이것들과 어울리다 보니 이런 세계도 있구나 하고 감탄할 정도로 편안하고 안정감이 온몸에 스멀거린다. 어쩌면 더 느긋하게 더 적게 더 낮게 생활하는 삶으로 구조 조정하는 것이 좋은 친구의 밑그림으로 다가온다. 인도에 다녀온 사람들의 말을 빌면, 모든 기차가 급행이든 완행이든 천천히 달리기 때문에 마치 선사시대의 속도로 돌아간 느낌이 든다고 한다. 그들은 자아의 시간보다는 영혼의 시간을 믿기 때문이 아닐까. 그러기에 취업을 준비하는 청년들에게는 한가함이 두려움[恐閑族]이 될지라도, 우리 은퇴족에게는 한가함[空閑族]이 제격이리라. 젊은 시절보다 육체적으로 에너지가 약해졌다는 것은 이제 느리게 사는 법을 배우라는 신호요, 영혼을 계발할 에너지가 필요하다는 신호임을 깨우치게 한다.

거시기나마 인간은 모든 일을 할 수 있다는 착각에서 벗어나, 녹색공간이 잘 조성된 천변을 쉬엄쉬엄 해찰하면서 흙탕물에 더럽혀지지 않는 연꽃과 같이 무소의 뿔처럼 혼자 걷는 것도 이 또한 곱상한 삶이 아니겠는가. 길을 한자로 쓰면 도道다. 도는 착辵과 수首의 회의문자다. 착은 머리카락을 날리며 걸어가는 사람의 모양이다. 수는 머리 즉, 생각을 뜻한다. 동양사상의 근본인 道는 걸어가며 생각한다는 길의 원리에서 출발했다. 이 길은 하늘길도 철길도 고속도로도 아닌, 남녀노소의 발로 걷는 풀꽃 피어나는 천변로 같은 길이다. 그러기에, 남일해의 「반갑다 친구야」를 옹알거리며 여유 있게 걸을 수 있는 천변로를 나의 좋은 친구로 만들고 싶다.

"삐뚤삐뚤 / 날면서도 / 꽃송이 찾아 앉는 / 나비를 보아라" 함민복의 시, 「마음아」에서 보듯이 나비는 최단거리 · 초고속 · 적중률 100%에는 관심이 없다. 그저 세찬 비바람이나 하늘거리는 봄바람에도 오직 흔들흔들 나폴나폴할 뿐이다.

인간 생명과 더불어

고대 그리스의 소피스트 '프로타고라스'는 인간은 만물의 척도라고 했다. 생명의 역사 35억 년 동안, 지구상의 생명체들은 줄곧 약육강식의 생존경쟁을 거듭해 왔지만, 이는 모두 살고자 하는 생존욕구로써 자연의 섭리라 여겨왔다. 생명 중에서 인간 생명이 가장 중요하다면, 각각의 생명체(인간 외의 유기체)들의 생명도 인간들에게는 동반자로서 절대적으로 필요한 존재들이다. 연어가 돌아오지 않는 강은 인간에게도 불행할 뿐만 아니라, 언젠가는 인간생명마저 위협받게 될 것이다.

인간이 만든 가장 아름다운 물의 도시, 화려한 오페라의 도시, 이탈리아의 베네치아는 최근 30년 사이, 인구가 절반으로 줄어들었다. 이는 산업화 과정에서 무분별한 지하수 개발로 지반이 가라앉을 뿐만 아니라, 지구의 온난화 현상으로 잦은 침수 때문이라고 한다. 지난해 전세계에서 일어난 규모 5.0 이상 강진은 700여 차례로 예년의 두 배에 가까운 것으로 나타났다. 칠레 강진을 비롯하여 아이티 · 멕시코 그리고 우리나라 역시 3.0 정도는 여러 차례 감지된 바 있기에 안전 지역만은 아니다. 더욱 놀라운 것은 한반도의 7배 크기로 태평양에 떠다닌다는 거대한 쓰레기 지대가 한두 곳이 아니라고 그린피스의 자료는 밝히고 있다. 지구촌 곳곳의 살육의 현장은 어떤가. 국지전 · 자살 폭탄 · 각종 테러, 그리고 기아 등으로 귀중한 생명들이 하루에 수천 명씩 죽어가고 있다.

MBC에서 제작한 「아마존의 눈물」이란 다큐멘터리는 많은 시청자들을 놀라게 했다. 한반도 35배 크기의 아마존, 지구의 허파로써 목재 · 황금 · 석유 등 인간에게 필요한 것들을 너무 많이 가졌기에 행복하고 웃어야 할 곳이 눈물을 흐르고 있다니 섬뜩한 생각마저 든다. 지금 아마존은 온난화와 무분별한 벌목으로 내뿜는 산소보다 배출하는 탄소가 더 많은 '탄소공장'으로 전락하다 못해 열대우림이 매년 축구장 3만 2천 개의 넓이가 원주민과 함께 사라지고 있으니 눈물을 흘릴 수밖에….

현학적 이야기는 여기서 멈추고, 우리의 현실은 어떤가. 누가 청와대에서 권력놀이를 하든 집권 5년 동안에 우리나라를 세계 일등국가로 만들어 놓겠다고 촐싹거린다면, 우리 민족은 불행할 수밖에 없다. 현재 존재하는 생명이 중요하고 미래의 생명까지 헤아린다면, 인간으로서의 기본적인 삶을 위한 생명 중심의 정책이 최우선시 되어야 할 것이다. 재벌들을 힘차게 지원하여 엄청난 수출을 통해 국력이 하늘에 닿을지라도 경제적 이유 등으로 서민들의 가정이 파괴된다면, 그 재앙은 다시 무고한 생명들을 위협하는 악순환을 겪을 수밖에…. 그러기에 이를 예방하는 서민 복지정책을 비롯하여 자연 생태계의 보존과 보호를 통해, 보다 인간이 아름답고 행복하게 살아갈 수 있는 녹색환경 조성에 관심을 두어야 할 것이다.

그런데 지금의 작황은 어떤가. OECD 국가 중 자살률 · 저출산율 · 교통사망률 · 사교육비 등에서 1등하는 부끄러운 나라가 되고 말았다. 이보다 더 끔찍한 것은 최근 10년 동안 자살 증가율이 세계 1등 국가답게 인터넷 자살사이트를 비롯하여 알만한 연예인이나 TV드라마 등에서 주인공이 자살로 끝을 맺은 선정적 결말이 이를 부추기고 있는데도, 경제부국 타령만 하고 있을 것인가. 설상가상으로 인간 생명의 젖줄인 강바닥 시멘트 기둥으로 생태계 파괴는 이미 재앙이 되었고, 이제는 경제발전을 위해 각종 규제를 푼답시고 환경부가 앞장설 정도이니 집권자의 임기 내 결과산출에 몰입하다 보면 우리에겐 미래가 불안하다. 옛 소련이 우즈베키스탄의 아랄해(세계에서 네 번째로 큰 내해)의 물길을 막아 면화재배지로 돌리는 바람에 90%가 말라버렸다는 교훈을 우리는 타산지석으로 삼아야 할 것이다.

바다

언젠가 전주시 열린시민강좌에서 '나의 시가 걸어온 길'이라는 주제로 고은 시인은 바다를 배경으로 시를 소개했다.

> 처~ㄹ썩, 처~ㄹ썩, 쏴~아 / 따린다 부순다 무너버린다. / 태산 같은 높은 뫼 집채 같은 바위돌이나 / 요것이 무어야, 요게 무어야 / 나의 큰 힘 아느냐 모르느냐 호통까지 하면서 / 따린다 부순다 무너버린다. / 처~ㄹ썩, 처~ㄹ썩, 척 튜르릉, 콱.

육당 최남선이 1908년 『소년』 창간호에 신체시라는 형식으로 발표한 「해에게서 소년에게」란 작품이다. 오늘날 자유시의 형식과 표현에 차이가 많을지라도 실험적인 측면에서 높이 평가된다. 화자인 소년은 바다와 같이 넓고 큰 힘을 길러야 자주적 독립을 쟁취할 수 있다는 의지를 표현하고 있다.

바다는 오랜 생명의 역사와 지구 면적의 70%를 이루고 있기에 사실은 지구를 해구海球라 불러야 마땅한 우리는, 삼면이 바다였기에 바다를 많이 노래했다. 노자의 상선약수上善若水는 인구에 회자되는 명구이다. 최고의 선은 물과 같다. 세상에서 가장 낮은 물은 바다다. 낮기 때문에 맑은 물도 오염된 물도 다 받아들인다 하여 이름을 '바다'라고 했다. 이러한 바다를 노래한 우리의 고전은 차치하고라도 1920년 후반, 시인 김기림의 「바다와 나비」를 비롯하여 오상순의 「방랑의 마음」은 이상 속의 자유와 생명을 푸른 해원에서 찾고자 하였다.

80년대 대학가요제에서 대상을 받은 높은음자리표의 「저 바다에 누워」를 우리는 기억하고 있다. 안방과 같이 눕고 싶은 으밀아밀한 바다를 노래했다. 이보다 앞서 안다성의 「바닷가에서」는 나의 애창곡이 되었다. 그리고 박상철은 "태평양을 건너 대서양을 건너 인도양을 건너서라도 당신이 부르면 달려갈 거야 무조건 달려갈 거야." 바다를 고속도로 달리듯 친근하게 노래하고 있다. 그런가 하면, 신세대 가수 바다의 「바다를 바라보다」란 노래도 우리들의 사랑을 받고 있다. 이같이 바다는 육지와 함께 어우르며 생명의 보고로서 인간에게 신뢰를 잃지 않을 것이라 동경하여 왔는데, 이게 웬일인가. 플랑크톤과 물고기들의 먹이사슬을 위해 가끔은 태풍이 몰아쳐야 한다지만, 오늘날의 물은 더 이상 자연의 물이 아니다. 인간들의 편리함에 오염되어 이제는 호시탐탐 수마水魔로서 쓰나미를 비롯하여 북대서양 카리브해의 허리케인 그리고 대지진 등으로 지구촌의 생명을 위협하고 있다.

벌써 이태가 훌쩍 지났다. 관동대지진이 아직도 기억이 생생한데 후

쿠시마 원전사고는 초대형 강진과 함께 시커먼 해일이 일본 동북지역을 휩쓸어 삽시간에 원자력발전소며 인간 생명에 이르기까지 대자연의 힘을 곧추세웠다. 아직도 화가 덜 풀렸는지 잦은 여진과 함께 핵연료조차 확인할 수 없을 뿐만 아니라, 하루 수백 톤씩 배출되는 방사성물질 오염수의 처리가 시한폭탄이 되고 있는 현재 진행형이다. 배우 박중훈은 영화 「해운대」보다 그 피해가 훨씬 참담하다고 했다. 박중훈씨의 생각은 지극히 천진무구하다. 그 영화를 이 재앙에 비교한다면 눈자라기에도 미치지 못한다. 도쿄대 유전학자 다쓰히코 교수는 방출방사선은 히로시마에 투하된 원폭의 29배에 해당된다고 추정했다. 방사성물질이 인체의 건강에 미치는 피해는 20~30년이 지난 뒤에나 나타난다지만, 어린이와 청소년에게서 3명 중 1명꼴로 목에서 갑상선암과 관련 있는 결절과 수포가 이미 발견되었다. 귀 없는 토끼와 기형나비도 나타났다. 이렇듯 산길은 여러 차례 걷다보면 평탄한 마실길이 생기는데 바닷길은 아무리 많은 배가 다녀도 부드럽지 않고 언제 어떻게 성낼지 모르는 위험한 길이 되어 버렸다.

우리는 이번 일본 동북지역의 참사에 대해 대통령까지 대사관을 찾아 조문하고 길거리 모금액 수백억을 전달도 했지만, 빨래 이웃은 안 한다는 말이 있듯이 일본은 우리와 가까이 하기엔 너무도 오염된 구석이 많다. 1923년 관동대지진 역시, 대규모의 화재와 해일 그리고 토네이도로 도쿄의 60%, 요코하마의 80%가 파괴되었다. 이러한 혼란 속에서 조선인들이 폭동을 일으킬 것이라는 유언비어가 번지자 약 만여 명의 조선인이 학살되었다고 한다. 도쿄도교육위원회는 지난 1월, 이러한 역사적 사실을 고교 일본사 부교재에서 삭제하고 학살 부분을 귀중한 목숨이 빼앗겼다는 살가운 표현으로 고치도록 했다. 뿐만 아니라, 독도 전담부서를 지방정부도 아닌 총리직속의 내각관방에 설치한 아베 신조 내각은 독일처럼 진솔한 반성은커녕 아직도 지난날의 그 몹쓸 짓을 뾰짝거리고 있으니, 바다의 신 '프로테우스'마저 그들을 통 크게 용서하기는 힘들 것 같다.

내 생애 최고의 작품

담요로 아기를 친친 감싸고 있어 행인들은 아이의 얼굴을 볼 수 없었다. 백화점 분수대 주위에서 이렇게 배회하고 있다는 제보를 받고 달려든 경찰은 경악했다. 숨진 지 20여 일이 지난 것으로 보이는 영아는 시커멓게 부패돼 냄새가 코를 찔렀다. "안돼요, 우리 아기 데려가면 안돼요. 제대로 먹이지도 못하고 죽은 우리 아이가 너무 불쌍해요."

이 이야기는 결코 판타지가 아닌 실화다. 동거남이 일자리를 잃자 부산의 여관과 고시텔 등에 전전하다 미숙아를 낳은 것이다. 태어난 지 한 달 만에 영양실조로 숨을 거둔 아이를 버리지도 묻지도 못하고 등에 업고 다녔다. 정말, 사실이 아니기를 바라지만 실화 한 토막 더 소개한다.

50대의 남자가 여의도 공원에서 나무에 목매 숨진 것을 산책 나온 시민이 신고했다. 시체의 바지주머니에서 장애를 가진 아들이 복지혜택을 받기 바란다는 내용이 들어 있었다. 부인의 말에 의하면, 아들(12세)은 한쪽 팔이 불편한 장애아며 자살한 남편은 일용직으로 일자리마저 시원찮고 자신도 가사도우미로 하루 벌어 하루 먹고사는 처지였다 한다. 이들 부부는 혼인신고를 하지 않았기 때문에 남편이 죽으면 아들은 고아가 되어 기초생활수급자가 되거나 장애아동 부양수당을 받을 수 있다고 생각한 끝에 자살을 선택한 모양이라고 하였다.

청와대를 기웃거리는 권력쟁이들이나 황금 중독자들은 노력하면 살 만한 세상인데 어떻게 자살부터 생각하느냐고 히죽거릴지는 몰라도, 자살의 고비를 경험하지 못한 사람은 함부로 입방아 찧을 자격이 없다. 노력하면 잘살 수 있다는 로망은 허구에서나 가능하고, 노력해도 안 될 수 있는 세상이 현실이다. 개천에서 용 난다는 말은 속담이고 현실에서는 용이 아니라 지렁이도 구경할 수 없다.

예능의 '리얼리티 프로그램'은 진짜 같은 가짜, 가짜 같은 진짜를 이야기하고 있다. 그러나 시청자가 보고자 한 것은 리얼리티이지 리얼은 아닐 것이다. 그러나 우리는 드라마보다 더 드라마틱한 세상 속에서 살고 있다. 장편소설 『환영』에서 도무지 인생의 출구가 보이지 않는 작중 인물 윤영의 삶을 통해 강팍한 허구를 그려낸 작가 김이설은 소설 속 현실이 끔찍하다고는 하지만, 우리가 사는 세상은 더 악랄하고 잔인하다는 심경을 토로한 바 있다.

작년에 손녀가 수술을 통해 힘들게 태어났다. 병원에서 일주일 머물렀는데 현금으로 결산하면 조금 깎아준다고 하여 80만 원으로 타협을 보았다. 다시 조리원에서 요양하면 일이백 이상이라고 한다. 대학은 먼 훗날 이야기이고 사교육시장 바구니에 무엇을 담아야 할지 걱정이 앞선다. 돈도 없는 사람이 애국한답시고 아기 쑥쑥 낳다보면 부산의 불량 어미나 목맨 아비가 달려들 것 같다. 그래도 다행인 것은 요즈음 환경공해 등으로 태아의 3%가 선천성 기형아요, 신혼부부 8쌍 중 1쌍이 불임·난임이라는데 건강한 손녀 하나 얻은 것만으로도 감사한 마음이 넘친다.

우리의 우상, 차인표·신애라 부부는 정상아와 장애인 딸을 입양시켜 잘 키운다고 한다. 다산의 개그우먼 김지선도 국민적 존경의 대상이다. 지난날 세금 문제로 비난받은 바 있었던 모 방송인의 일회 출연료 천여만 원은 황당할지라도 이들에게는 더 많은 고액 출연료가 필요하다. 한편, 청와대의 주인은 아이를 못 낳은 것이 아니라 안 낳을지라도 버려지는 아이들을 입양시켜 부국강병의 후견인으로 길러낸다면, 얼마나 아름답고 행복한 세상을 조각할 수 있을까. 머리 좋은 사람이 밑지는 장사 하랴마는….

언젠가 대구시설관리공단이 출산장려 차원에서 임직원들의 셋째 자녀를 공단에 특별 채용키로 해 논란을 빚은 일이 있었다. 시민단체들은 공기업 취업이 하늘의 별따기인데 제 식구 감싸려는 꼼수라며 폐지를 촉구했다. 그렇다면, 시민단체 중에 자기 자녀가 이에 해당된다고 해도 굳이 반대할 것인가. 요즈음 삼포세대들이 겪는 연애·결혼·출산은 선택이 아니라, 당연한 필수과정이 될 수 있는 사회환경 조성이 아쉽다. 가정 형편을 고려하여 일정한 자격을 갖춘 자녀에게는 그 수에 따라 학자금은 물론, 각종 취업 때 높은 우대책 마련이 화급하다.

유하 감독의 「결혼은 미친 짓」이란 영화도 나왔지만, 요즈음 능력 있는 여자들은 혼자 사는 것을 선호한다고 한다. '일'을 위해서는 '사랑' 따위는 사치라는 자기본위 생각이 페미니즘인 양, 의기양양할지라도 이들에게 걸맞는 무거운 세금을 부과하는 것도 창조사회의 큰 몫이 아니겠는가.

건강보험 전체 의료비 가운데 65세 이상 연령자가 차지하는 비율이 30% 넘고, 초등학생 수는 20년 만에 30% 넘게 감소하고, 첫 자녀를 출산하는 여성의 연령이 30대로 높아졌다. 이처럼 저출산 고령화가 선진국을 앞서는 수준이라면 정치권에서는 통큰 출산장려책을 내놓을 만도 한데 부익부 빈익빈에 취해 참따란 정신들이 혼미한 모양이다. 하지만, 영화기획사 '명필름'의 심재명 대표이사는 아이를 낳은 것은 내 인생에서 가장 잘한 일이라 생각하며 아이의 삶과 엄마로서의 삶을 통해 나 자신도 변화하고 성숙했다고 '알파레이디 리더십'(경향신문)에서 고백한 것은 참으로 신선했다.

그러기에, 출산이 삶의 족쇄 아닌 내 생애 최고의 작품이 될 수 있는 세상이 열린다면 얼마나 좋을까.

양심이 마비된 사회 생태계

그 1%의 구원을 위하여

아마 기성세대는 이은상님의 「고지가 바로 저긴데」라는 시조를 학창 시절에 달달 외웠을 것이다.

고난의 운명을 지고 역사의 능선을 타고 / 이 밤도 허우적거리며 가야만 하는 겨레가 있다 / 고지가 바로 저긴데 예서 말 수는 없다.~

이는 1956년 『자유문학』지에 발표된 우리 민족사의 고난극복 의지를 표현한 작품이다. 고지가 바로 저긴데 예서 포기할 수 없기에 마지막 그 1%만의 힘이라도 보태면 통일의 꿈이 이뤄질 것 같은 절박감이 담겨 있다. 이처럼 신기루처럼 잡힐 듯 잡힐 듯하면서도 잡히지 않는 세상살이, 될 듯 될 듯하면서도 그만 문턱에서 주저앉고마는 삶터에서 그 1%가 우리들의 마음을 조아린다.

잊을 만하니 내 고향 정읍의 딸, 장자연의 억울한 삶이 반추된다. 우리가 바라는 것은 여러 차례의 성접대 자리에서 이미 심증이 굳어진 그 1%의 힘센 자들의 명단을 밝혀내는 일이다. 강준만 교수는 『룸살롱 공화국』에서 한국 사회를 제대로 이해하려면 정당 · 국회 · 검찰 같은 공식 제도와 기구보다 룸살롱으로 상징되는 은밀한 칸막이에 대한 연구가 더 중요하다고 했다. 힘없는 사내가 성매매하다 적발되면 엄중한 처벌을 받기 마련이다. 그러나 밀실에서 힘 있는 자들의 추구芻狗놀이는 안개 속이니, 해마다 5월이면 밀양 '아랑제'와 함께 장자연 · 최진실 · 정다빈 · 유니 등의 원혼을 달랠 수밖에…. 영남 부사의 딸인 아랑은 영남루로 달구경 갔다가 겁탈하려는 자에게 죽임을 당한다. 물속에 유기된 시신은 원혼이 되어 새로 부임하는 원님마다 숨지는 사건이 벌어지는 이야기다.

원한이 있는 곳에 원혼이 있다. 혹 내가 잘못된다면 꼭 복수해 줘! 장자연의 편지 구절은 한 개인의 한이라기보다는 이 땅의 힘없는 자들의 가슴앓이다. 수사 결과처럼 이 편지가 가짜라면 허구 속의 사실이겠지만, 1%의 성상납 수혜자마저 비호하려는 수사 종결자는 사실 속의 진실이 부담스러웠을 것이다. 톨스토이는 신은 진실을 안다. 그러나 때를 기다린다고 했는데 그때가 궁금하다.

1등만 알아주는 더러운 세상이라고 외쳐댄 개그가 만연된 세상 속에서 우리는 살고 있다. 드라마에서 재벌은 단골 캐릭터로 자리잡고 있다. 90년대 초반 야망의 세월을 비롯하여, 「사랑을 그대 품안에」 「불새」 「꽃보다 남자」 「시크릿가든」, 그리고 「마이더스」에 이르기까지 대한민국 상위 1%의 이야기가 국민 99%의 호기심을 자극한다. 그러나 정작 재벌들의 이면을 진정으로 파헤치는 사회성 짙은 드라마는 아직도 요원하다.

1등과 1%는 미미한 숫자 같지만, 기대되는 효과는 하늘과 땅만큼 차이가 많다. 물을 끓일 때 증기에너지를 얻으려면 섭씨 99도는 불가능하다. 100도가 되어야 비로소 가능하다. 전주시에서 주최한 열린시민강좌에서 황영조 국민체육진흥공단 마라톤감독은 대부분의 선수들이 끝에 가서 포기를 많이 한다고 한다. 99%까지 어렵게 도달하고서 1%를 못 채워 포기하는 경우가 많다는 것이다. 다시 말해 1%의 차이로 인해 세계적인 선수가 되느냐, 못되느냐가 갈리기 때문에 그 1%를 채우기 위해 부단한 노력이 필요하다는 것이다. 이처럼 땀 흘리는 사람들의 마지막까지의 1%는 진정한 삶의 자세라면, 장자연을 죽음으로 내몰았던 1%맨은 온갖 비리와 부패에 얼룩진 허접스런 인간들이다.

1이라는 숫자는 오직 하나이기 때문에 더불어 사는 옥석혼효의 상생하고는 거리가 멀다. '사람인' 자가 두 획인 까닭은 하나로는 똑바로 설 수 없기 때문에 지팡이 하나를 더한 것이다. 그러기에 양육강식의 패권적 질서에 익숙한 졸부들로서 초과이익공유제가 부담스럽다면, 납품가격과 원가와의 연동제를 먼저 실천하는 일이 순리이다. 이 땅의 족벌가계의 지존들은 게이츠나 버핏, 그리고 소프트뱅크의 손정의 사장처럼 기부문화에서도 1등의 제품을 만들 수는 없을까, 대기업과 중소기업이 상생하는 기업문화를 정착시킬 수는 없을까, 안타깝다.

부자가 천국에 들어가는 것은 낙타가 바늘귀에 들어가는 것보다 어렵다는 성경 구절이 가르치듯이 그 1%의 힘센 자들을 구원하기 위해 다른 세상에서 열심히 기도하고 있을 우리들의 영원한 연예인, 장자연의 명복을 빈다.

알랑가 몰라

엄마, 아빠, 누나, 내가 이렇게 못나서 미안해.

순진한 건지 바보인 건지, 내가 덜렁거려서 물건도 잘못 챙기고 자주 잃어버리고 아마, 내가 이럴 때마다 미웠을 거야. 하지만 나를 계속 챙겨주던 내 가족들 정말 사랑하고 죽어서도 영원히 사랑할게. (중략) 마지막으로 가족에게 옥상에서 이렇게 불편하게 적으면서 눈물이 고여. 하지만, 사랑해♡ 나 목말라, 마지막까지 투정부려 미안한데 물 좀 줘…

작년 3월, 학교폭력에 시달리다가 경산시 한 아파트 23층에서 뛰어내려 스스로 목숨을 끊기 전, 연필로 꾹꾹 눌러 쓴 학생(고1)의 유서 일부다. 수필이란 알량한 체면만 아니라면, 일체의 부스러기도 덧입히지 않고 독자로 하여금 이 내용만 가슴으로 읽기를 권하고 싶다. 그러다보면, 우리 사회에 대하여 학생이 바라는 진정한 마음이 무엇인가 눈을 감아도 보일 수 있을 것이다. 청소년을 사랑하는 사람이라면 이 유서를 눈에 가장 잘 띄는 곳에 붙여놓고 기도문처럼 읽고 또 읽는다면 학교폭력 예방에 조금이라도 도움이 되지 않겠는가.

자살보다 큰 범죄는 없다고 비난했던 다산 정약용과 같은 생각으로 누군가는 어리석은 행동이었다고 따가운 시선을 보낼지라도 그에게는 말기암 환자보다도 힘든 곤욕이었기에 몸을 던질 수밖에 없었을 것이다. 그의 자살은 사랑에 실패한 베르테르나 몽상적 허무주의자 키릴로프와 같이 자기 결단의 자유의지에 의한 자살이 아니라, 학교라는 시스템에 의한 타율적 강제적 타살이 아닐 수 없다. 프랑스 사회학자 에밀 뒤르켈은 자살은 개인적인 사건이 아니라 사회의 속성을 보여주는 지표라고 했다. 이는 개인과 사회와의 관계적 산물임을 뒷받침해 주는 말이 아니겠는가. 중앙대 신광영 교수마저 자살은 개인적 문제가 아니라 사회적 질병이라고까지 진단했다. '자살'을 뒤집으면 '살자'가 된다. 사실은 죽고 싶어서 죽는 것이 아니라, 살고자 했으나 자력으로는 도저히 살 수 없었던 환경이 크레바스 속으로 밀어넣은 것이다. 그러기에, 우리는 친구들과 어울리지 못하고 배돌기만 했던 그를 탓하기 전에 그를 지켜주지 못한 죗값에서 어느 누구도 자유로울 수 없다.

학교폭력이나 사회의 일그러진 병폐는 교사나 경찰을 비롯한 공직사회의 움직임이 옛날 같잖다는 점이다. 올곧게 직분에 충실하다 보면 자칫 피의자의 신분으로 전락할 수밖에 없는 사회적 모순을 안고 있다. 수업붕괴라는 흔적은 곳곳에 묻혀있다. 수업 중에 교사의 지적을 받자 자기 분을 못 이긴 어느 학생의 불만이 터졌다. '씨* 개새끼' 라는 욕설까지 감수해야 하는 오늘날의 교실 현장이다. 교사의 연봉은 세계 세 번째로 높은데 학생들의 존경심은 꼴찌임을 잘 보여주고 있다. 그러기에,

강류부전석江流不轉石이라는 비난을 받을지라도 학생이 말을 듣지 않는다고 회초리를 들 바엔 봐도 못 본 척, 들어도 못 들은 척하는 사회적 분위기가 그저 안타깝다.

지난 36년 동안 교직에 몸 담았던 나는 지금 같았으면 폭력교사로 정년을 맞기도 전에 구속되었을 것이다. 학생 뺨 때리는 정도는 기본 정석이었으니까. 그래도 그때만 해도 학교장은 학교에서 시어머니 역할을 톡톡히 했다. 학생들이나 선생님들에게 듣기 싫은 소리를 곧잘 했다. 그런데 지금은 결제할 때 토 달지 않는 교장이 최고라고 한다. 학교현장에서 시어머니 역할을 하는 사람이 없을 뿐만 아니라 指導라는 단어 자체가 한계효용체감의 법칙에 의해 사라져가고 있다는 것이다. 그러다 보니 학교폭력은 교사가 아닌 경찰에게 맡겨졌고 처벌 위주의 형사적 소추만이 현장을 지킬 뿐이다.

회초리와 폭력은 구분되어야 한다. 폭력은 처벌의 대상이라면, 회초리는 부모와 교사에게만은 천부적 특권으로 주어져야 마땅하다. 존F케네디는 최연소 미국대통령에 당선되기까지 어머님의 가르침이 큰 영향을 미쳤다고 한다. 어머니 로즈는 규칙을 정해놓고 아이들이 그것을 어겼을 때는 어김없이 회초리를 들었다. 유태인은 아이들에게 벌주는 것을 육체적 · 정신적 성장을 돕는 좋은 수단이라고 확신하고 반드시 체벌이 뒤따라야 한다고 믿고 있다. 오른손으로 벌주고 왼손으로 안아주라는 그들의 속담처럼 자녀들에 대한 체벌도 일종의 애정으로 여기고 있다.

우리도 옛날 서당에서는 '서당매'가 있었듯이 할아버지 · 아버지 시대는 그렇게 교육을 시켜왔다. 마틴 루터도 매는 좋은 아이를 만든다고 했다. 그런데 지금은 회초리 교육은 탈선을 재촉하는 도구일 뿐만 아니라 체벌로까지 간주되고 있다. '가르친다'는 뜻의 효敎와 교편敎鞭은 매를 들고 때린다는 형상이 들어있다. 그런데 언제부턴가 때깔 좋은 민주화 돌풍에 기존질서가 무너지면서부터 혈연 간, 사제 간, 선·후배 간의 인간관계마저 인권이란 그늘 속에 묻혀버렸다. 아무리 18세기 선생이 19세기 교실에서 20세기 학문을 21세기 아이들에게 가르치는 곳이 바로 대한민국 학교라지만, 정치적 민주화는 당연한 귀결일지라도 미성년자에게까지 이를 견강부회 식으로 적용한다면 학교폭력 근절은 사막에서 바늘 찾기보다 힘들 것이다.

교육이란, 공동선을 위해 더불어 살아가는 민주시민의 덕목과 건강을 기르는데 있다. 학력은 특별한 분야를 제외하고 견문각지見聞覺知만 제대로 익힐 수 있다면 더 이상, 무엇을 바라겠는가. 그럼에도, 좋은 대학가서 돈 잘 버는 직장을 구하기 위해 오직 그 1%의 학력에만 내몰리다 보니, 청소년 넷 중 하나는 자살을 생각한다는 것이다. 이 무렵, 경북 자율형사립고 전교 1등 하던 학생도 "제 머리가 심장을 갉아먹는데 이제 더 이상 못 버티겠어요. 안녕히 계세요. 죄송해요."라는 글을 남기고 자살한 사건이 아직도 지워지지 않는다. 이처럼 해마다 10대 청소년의 자살자가 250~300명이 넘는다고 한다. 우리나라 어린이·청소년들의 공부 시간은 세계 1위인 반면, 행복지수는 세계 꼴찌 수준이라는 OECD의 통계다.

아인슈타인은 여덟 살이 되도록 글을 모르는 지진아였다. 교사들은 하나같이 그를 인생의 낙오자라고 규정했다. 그러나 지금 이 순간, 그를 인생의 낙오자라고 말하는 사람은 아무도 없다. 인류 역사상 최고의 천재로 기억되는 아인슈타인이지만 열다섯 살이 될 때까지 사람 구실을 못했다는 사실을 한 번쯤 떠올려볼 필요가 있을 것이다. 우리 교육현장은 어떤가. 특목고와 자사고, 그리고 특성화 등에서도 학교폭력 못지않은 학력폭력에 시달리기는 마찬가지다. 한편, 일반고에서는 강의 내용을 알아듣지 못해, 혹은 학원에서의 선수학습 때문에 첫 시간부터 책상바닥에 머리박고 잠자리를 청하는 학생들이 태반이라고 한다.

조선시대 천재문인이었던 정수동鄭壽銅이 어렸을 때 서당에서 졸다가 훈장에게 크게 야단맞은 일화다. 이번에는 훈장이 졸다가 정수동에게 들켰다. 훈장님, 왜 졸아요? 이놈 내가 언제 졸아. 좀 모르는 글귀가 있어서 공자님께 여쭤보려고 하늘에 올라갔다가 혼백만 빠져서 다녀왔으니 내 몸은 졸고 있는 것같이 보였겠지. 며칠 후 정수동이 다시 졸자, 훈장이 버럭 소리를 질렀다. 이놈, 또 졸고 있구나. 졸지 않았어요. 졸지 않고 그럼 뭘 하고 있었느냐? 잠깐 공자님을 뵈러 갔었어요. 요놈 봐라, 그래 공자님이 뭐라시더냐? 제가 일전에 우리 훈장님 오셨냐고 여쭸더니 그런 일 없다고 하시던데요. 이 이야기는 한량없이 인간적이고 지혜와 유머가 넘친다. 오늘날은 웹툰이 학교폭력을 자극하고, 수업시간에 해찰하고 잠자는 학생들이 교육의 주체가 되어 이를 분탕질한다는데 문제가 복잡하다. 정부조직법개정안등을 처리하는 국회 본회의장에서 스마트폰으로 여성의 누드사진을 검색한 여당의 최고위원이었던 재철 씨는 할 말이 없겠지만….

한편, 교사가 학생에게 교과서를 읽으라 하면 싫은데요. 왜 싫은데, 그냥 읽을 마음이 없어서요. 정수동을 가르친 훈장일지라도 이러한 상황에서는 주먹을 불끈 쥐지 않을 수 없을 것이다. 교육현장은 그렇다지만, 사회 지도층마저 워너비 스타가 보이지 않는다. 범법자를 비롯한 온갖 감바리들이 높은 자리에서 설치니 우리 청소년들이 이들에게서 무엇을 배우겠는가. 상선약수上善若水라 했던가. 이처럼 교실붕괴가 교육붕괴로까지 하루하루 무섭게 달려오는데도 교육 관계자들은 느긋하게 '창조교육' 운운하며 뜬구름 잡는데 곁눈질하고 있다.

더욱 황당한 일은 이태 전부터 대구 · 경북 지역에서 연이어 자살한 중·고생은 무려 20명에 달하고 있는데도 2013년 교육부의 전국 16개 시 · 도교육청 평가에서 교육감의 선거공약 1호로 '학력신장'을 내건 대구시교육청과 경북도교육청을 우수교육청으로 선정하였다. 이 지역이 박대통령의 고향이란 점은 이미 알고 있었지만, 꽃 같은 아이들의 원혼들은 우수교육청으로 선정된 사건을 알랑가 몰라!

사이코패스 증후군

나라가 잘되기 위해서는 첫째도 교육이 바로 서야 하고, 둘째도 공교육이 정상화되어야 함은 누구나가 공감할 것이다. 교육이 바로 서고 정상화되어야 한다는 의미는 학력과 인성이 함께 성장 · 발전할 수 있도록 교육과정이 구성되어져야 하고 이를 바탕으로 대학입시나 취업시험 등에도 이 두 요소가 균형 있게 배려되어야 한다는 것이다.

요즈음 쓰나미처럼 쏟아지는 0교시 · 자율화 · 특성화 · 우열반 · 영재학급 · 국제중 · 특목고 · 고교등급제 · 수능성적 공개 · 영어 몰입교육, 그리고 입학사정관 운운은 오로지 학력에만 올인, 순박한 학생들에게 사이코패스(Psychopath) 바이러스를 전염시키고자 하는 일부 정객들이나 시류만을 좇는 학자들의 소행임을 직시할 필요가 있다. 지난 정부에서 '교육과학기술부'란 명칭 자체가 얼마나 위험한 요소를 내포하고 있었는가를 생각해 볼 필요가 있다. 올바른 인간을 길러야 할 교육이 마치 과학기술 능력만을 기르는 수단임을 자임하고 있으니 교육의 지향할 바가 혼탁 속에서 허겁지겁할 수밖에….

학력은 높으나 인간적 품성이 사이코패스적이라면 우리 사회의 미래는 암둔한 혼돈의 세상이 되고 말 것이다. 비록 학력은 낮을지라도 도덕적 인격이 갖춰진 사회가 오히려 상식이 통하는 인간답고 아름다운 세계가 아니겠는가. 진정한 영재는 학력과 인성이 함께 갖춰질 때만이 실력인으로서 뭇사람들에게 추앙받을 수 있다. 그렇지 아니하고 도덕적 품성은 아랑곳없이 성적 중심의 학력만을 머리에 담고 있다면, 차라리 컴퓨터나 스마트폰의 사이버 세상보다 나을 게 없다.

살인을 저질러도 아무런 양심의 가책을 느끼지 못할 뿐만 아니라, 범행 자체를 즐기는 사이코패스의 보균자가 우리 국민 가운데 단 0.1%만 있다 하더라도 이는 우리 사회의 재앙이 아닐 수 없다. 학교 현장에서 곧잘 발견되는 일이지만, 남의 소유물을 제것처럼 사용하다 아무렇게나 버려놓는 오늘의 현상을 무엇으로 재단할 것인가? 어린 학생들이니까 그럴 수도 있겠지, 하고 동일시한다면 바늘 도둑이 소 도둑 된다는 우리네 속담은 잘못 전해진 것이리라. 이러한 일련의 잘못된 사고思考를 정신분석가에게 의뢰한다면, 이들은 사이코패스 바이러스 보균자로서 초기단계부터 철저한 치료가 필요하다고 진단할 것이다.

특히나, 경제적 빈곤 등으로 부부의 이혼율이 높아감에 따라 결손가정이 날로 늘어나고 있다. 이들 학생들은 초등학교 저학년까지만 해도 이리저리 눈치만 살피며 고개 숙이는 청순한 모습일지라도, 청소년이 되었을 때는 이미 학교에서도 사회에서도 통제하기 힘든 대상이 아닐 수 없다. 이로써, 어린 미래가 어둡게 펼쳐지고 있다는 현실이 두려울

뿐만 아니라, 마침내는 사회적 대형사건 · 사고의 근원을 제공함으로써 우리들을 더욱 슬프게 하고 있다.

피타고라스는 "이 세상에서 가장 중요한 것이 무엇인가, 그것은 인생을 어떻게 살아야 되느냐를 가르쳐 주는 일이다." 라고 하였다. 오늘날, 급격한 사회변화의 다원적 가치 체계에서 정체성의 혼란을 겪고 있는 청소년들에게 참된 인생을 사는 지혜와 방법을 가르치는 일은 무엇보다 중요하고 필요하다.

이러함에도 오로지 학력 위주의 성적에만 급급하다 보면, 매사에 최선을 다하며 삶의 과정을 중시하는 아름다운 인생에게까지 사이코패스 바이러스는 척당불기倜儻不羈되어 이 사회를 더욱 혼탁스럽게 만들 것이다.

생각의 노예

인간은 어떻게 보면 생각의 노예일 수 있다. 가치관에 따라 그 생각이나 믿음의 테두리에 말려 꽁꽁 묶이게 되는 노예가 된다는 것이다. 이는 생각을 가진 인간만의 자유요, 특권일 수 있다. 어떤 신앙의 진리에 자기가 공명하다 나중에는 자신도 모르게 신앙의 노예가 되어 맹신하는 경우를 우리는 흔히 볼 수 있다. 이처럼 맹신증후군이란, 사이비 종교나 정치에 심취되어 자기의 정체성을 상실할 만큼 집착하는 인지부조화의 현상이다. 즉, 잘못된 신념이나 태도를 고치기보다는 계속 기존방식을 고집하며 그것을 정당화하려는 인간심리에서 비롯되었다. 이는 미국의 사회학자 리언 페스팅어의 『인지부조화 이론』(1957년)에서 제시한 사회심리학으로부터 출발했다. 한편, 미국 정신과 의사인 리처드 어셔가 밝힌 도피성 환자도 이에 속한다. 실제로는 앓지 않은 병을 스스로 지어내어 아프다고 하거나 자해함으로써 타인의 관심을 끌려는 정신질환의 심리상태도 '인지부조화증'의 한 증상이다. 만민중앙교회 이재목 목사는 자기 주장을 굽히지 않는 사람은 하나님의 뜻을 좇을 수 없으니 하나님의 복을 받을 수 없다며 이를 '자기 의'에 빗대 설명하고 있다. 그렇다면 '맹신증후군'이나 '자기 의'는 어슷비슷 궤를 같이 하고 있다.

정읍여중에 재직할 때였다. 40대 중반의 체육교사가 골수성백혈병으로 수술받은 후, 우리 학교에 전입되었다. 아직은 건강이 회복되지 않아 임시방편으로 입마개를 하고 수업하게 되었다. 평교사로도 함께 근무한 바가 있어 나와는 각별한 사이였고 그의 근무태도 역시 모범적이었다. 휴일은 물론, 방학 중에도 어김없이 학교에 나와 학습준비며 온갖 교무를 처리함으로써 주위의 칭송이 대단했다. 체육과인데도 학생들에게 한자와 영어 등에 관심을 두고 담임으로서의 역할을 충실히 했다. 나는 요양이 필요한 시기이므로 학교보다는 자연과 함께 건강관리에 관심을 두어야 할 것이 아니겠냐고 걱정했으나, 앞으로 2년 정도 근무하면 연금을 탈 수 있으니 그때까지만이라도 어려움을 극복해 보겠다는 그의 의지 앞에 더 이상 말을 잇지 못했다. 그러나 그의 건강은 2년은커녕 한 학기도 기다려주지 않았다. 크리스천사이언스(이른바 영적치료)에 의지한 결과 재발되어 다시 입원한 후, 영원히 만날 수 없는 길을 떠나고 말았다. 우리 학교에 전입되기 전, 수술비 이천여 만 원이 없어 학교모금으로 겨우 수술할 수 있었다는 말을 듣고 나는 의아했다. 들리는 바에 의하면 부인이 사이비로 의심되는 모 교회에 빠져 봉급을 다 바치는 바람에 부인과의 갈등이 깊어 휴일에도 집보다는 학교가 편했다는 말이 들렸다. 사실 확인까지는 할 수 없었으나 18년 교직생활의 가계부치고는 너무도 황당한 궁핍이 아닐 수 없다. 만약 소문이 사실이라면, 그 부인은 맹신증후 인지부조화증 환자로서 전문가의 진단과 치료가 필요했다. 장례를 마치고 인사차 교장실에 들른 부인에게 나는 돌직구를 던졌다. "연금과 사망보험금만은 교직원공제회에 맡겨 두고, 둘의 자녀교육은 빈손으로 다시 시작한다면 미래가 보장될 것입니다."라고 당부했으나 차마 신앙생활까지는 채근하지 못했다. 이재목 목사님의 말씀대로 '자기 의'가 강한 사람은 남의 말을 잘 듣지 않을 테니까, 내 말이 그녀에게 각인되리라고는 기대하지 않았기 때문이다.

요즈음, 마실길 · 올레길 · 둘레길 · 오솔길 등 다양한 길 이름들이 말해 주듯 걷기웰빙이 생활화되어 가고 있다. 그래도 도시에서는 역시 천변걷기가 제격이다. 남녀노소 할 것 없이 많이 참여하고 있으나 아쉬운 점은 훌륭한 운동시설을 비롯한 제반 여건을 잘 정비되었음에도 천변의 휴지나 쓰레기 덤불이 눈살을 찌푸리게 한다. 쉼터의 의자 주변에 담배꽁초는 기본이요, '주 예수님 전도'란 전단지가 어김없이 뿌려져 있다. 정말 불쾌하기 짝이 없다. 교회봉사활동 차원에서 휴지를 줍지는 못할망정 환경훼손까지 하면서 선교활동을 해야 옳은 일일까. 나 역시, 한두 번 줍기도 해 보았지만 점점 짜증나기 시작했다. 천변뿐만 아니라, 고샅에도 이러한 선교전단지가 널부러져 있는 것이 안타까웠다. 얼마 후에는 이 몹쓸 짓조차 답습하는 또 다른 교회가 나타났다. 박태환의 우승을 '하나님이 하셨습니다.'라는 전단지를 뿌리며 합세하고 있다. 참따란 종교인들까지 의심받게 하는 이 사이비 종교인 역시, 맹신증후군의 인지부조화 환자임에는 틀림없다.

의과대학을 나온 사제로서 아프리카 수단에 병원과 학교를 설립, 원주민들에게 헌신하다 2010년 과로로 숨진 이태석 신부님을 우리는 똑똑히 기억하고 있다. 그리고 이태 뒤에 승천하신 허병섭 목사님은 이철용의 소설 『꼬방동네 사람들』에서 공병두 목사의 실제 모델이었다. 청계천 판자촌과 신설동 꼬방동네에서 빈민운동을 하다 귀농하여 우리 고장 무주에 '푸른꿈고등학교'란 대안학교를 설립, 한국의 성자로 널리 추앙받은 바 있다. 가난한 자를 위한 가난한 교회를 통해 빈곤과 불평등 문제에 적극 맞설 것을 주문한 교황 프란치스코의 외침도 좋은 세상 만들기의 울림이 아니겠는가.

맹신증후 인지부조화 도피성 환자들이여! 주님의 말씀을 실천한 이태석 신부님과 허병섭 목사님의 아름다운 발자국과 교황의 참된 말씀을 좇지는 못할지라도 자기만의 가로꿰진 종교생활이 보통사람들의 눈에 가정 파괴로 얼비친다든가, 선교 전단지랍시고 죄의식 없이 길 위에 던지는 망나니 짓은 이제 삼가면 좋겠다.

이들은 가슴의 귀를 활짝 열고 들어야 한다. 예수님의 산상설교를 비웃는 대형교회들의 빌딩화와 세습화, 그리고 고급 호텔방과 같은 강단에서 하나님 말씀을 립싱크하는 종교문화에 대해 세상 사람들의 걱정을 들을 수 있다면 '생각의 노예'에서 쉽게 벗어날 수 있으리라.

육십갑자와 있을 때 잘해

하늘의 10간과 땅의 12지를 결합하여 만든 60개의 간지干支를 역서에서는 육십갑자라고 한다. 처음 갑자년이 돌고돌아 다시 만나면 61세의 회갑還甲이 된다. 꼭두각시놀음에 나오는 검은 머리를 한 해학과 변론에 뛰어난 동방삭東方朔은 이렇게 60년을 3천 번이나 만나 18만 년을 살았다고 하여 삼천갑자三千甲子라는 전설이 『한서漢書』에 보인다. 그가 이처럼 오래 살 수 있었던 것은 중국 고대의 선녀 서왕모西王母의 복숭아를 훔쳐 먹었기 때문이라고 하는데, 진시황이 이 복숭아를 먹었더라면 또 다른 역사가 쓰였을 것이다. 그러나 그렇게 오래 살았다는 동방삭은 이제 보이지 않는다. 지구가 태양 주위에 멈춰 있고 육십갑자가 돌지 않는다면 그가 보일지 모르겠으나, 지금은 또 다른 생명들이 순환의 변화 속에 오늘을 살아가고 있다.

이처럼 천간天干과 지간支干의 관계는 지배와 피지배의 갑을관계가 아니다. 끝없이 변화하며 생산하는 음양의 조화를 이루는 상생의 관계다. 갑을관계도 이처럼 더불어 동행하는 상생의 순리를 따라야 함에도 마치 움직이지 않는 영원인 양, 지배와 억압에 익숙한 힘 있는 자들의 착각이 오늘의 서민들을 힘들게 하고 있다.

가정 · 학교 · 기업 · 정권도 마찬가지다. 어제의 엄부가 오늘은 가족에게 요양받는 환자가 되듯이 부모와 자식 그리고 부부 사이에도 갑을관계가 아닌, 진실한 사랑만이 단란한 가정을 이룰 수 있다. 왕따를 생산하는 학교폭력도 강약의 갑을관계가 존재함으로써 아까운 목숨들이 희생되고 있다. 대자본과 소자본과의 관계가 상생이 아닌 을사乙死조약이라면 사회는 암울할 수밖에 없다. 한편, 승자 원칙에 함몰되어 입이 하는 말과 발이 가는 곳과 머리 굴리는 일이 따로따로 움직인다면 그 정권은 위선이요, 허풍선일 뿐이다.

2013년 4월 초, 탈북자 선원 이혁철(28) 씨가 연평도에서 어선을 탈취해 월북했다. 선주가 그에게 휴대전화로 돌아올 것을 종용했다. "개×× 있을 때 잘하지 그랬냐!"라고 욕설을 퍼붓고 끝끝내 돌아오지 않았다. 달아나는 노루 바라보다가 이미 잡은 토끼 놓친 격이다. 선주 갑에게 그는 을로서 큰 상처를 받았음이 잘 나타나 있다. 이역만리에서 잘 살아보겠다고 결혼한 다문화가정의 주부들이나 이주 근로자, 그리고 새터민들은 더불어 잘 살아가는 세상을 상상하고 이땅을 찾았다. 부자가 교만하지 않기는 쉬워도 가난한 자가 원망하지 않고 살아가긴 어렵다는 말이 이 시대를 잘 대변해주고 있다.

대기업과 중소기업 · 거대기업과 가맹점 · 기업과 노조원 · 백화점과 입점업체 사이의 갑을관계가 요즈음 사회의 암적 존재로 회자되고 있음이 못내 씁쓸하다. 한편, 기업의 직원은 가맹점주에게는 갑이면서 기업주에게는 을이요, 가맹점주가 갑이라면 판매원은 을이 되는 순환의 원리에 따라 사회란, 갑과 을로 구성될 수밖에 없는 교집합체가 아닌가. 그러기에 그 교집합체가 순환하고 변화하고 상생하는 육십갑자의 원리를 좇아 '있을 때 잘해'를 융합하는 세상이라면 얼마나 좋을까. 변하지 않는 것은 아무 것도 없다. 그렇잖고 연옹지치吮癰舐痔의 갑을관계가 정석으로 굳어진다면, 이 사회는 공생은커녕 공멸이란 악순환만이 존재할 뿐이다. 도마 위의 고기는 칼을 무서워하지 않는다는 을의 심정도 살펴보아야 할 것이다. 대자본주의를 새로운 형태의 독재로, 세계화의 중심이 인간이 아닌 돈에 있다고 비판한 교황 프란치스코의 목소리가 오늘을 뒤돌아보게 하고 있다. 반가운 현상은 갑을의 위치전환이 시대적 변화가 말해 주듯 너무도 급격하게 순간적으로 이루어지고 있다는 것이다. 지난날 갑의 기업가와 을의 발명가는 앤더슨의 롱테일 이론에 따라 인터넷 소셜네트워크와 유튜브 등을 통해 제3차 산업혁명의 주역으로 무섭게 변화하고 있다. 오탁번 시인은 「우리 시대의 시창작론」이란 시에서, 걸레도 양잿물에 된통 빨아서 풀 먹여 다림질하면 깃발이 된다고 했다.

우리가 이러한 시대정신에 민감하지 못하는 까닭은 서열위주에 뿌리 깊이 살아왔던 관존민비의 사상이 그 출발점이라고 강준만 교수는 『갑을의 나라』(2013)에서 지적했다. 이러한 사회적 모순을 바꾸기보다는 오히려 이 모순 속에서나마 더 좋은 자리를 차지하거나 안주하고자 했던 적자생존 · 약육강식 · 우승열패 · 출신성분 등의 단맛에서 아직도 깨어나지 못하는 갑들이 그저 안타깝다. 그래서 그랬을까. 갑중의 갑, 슈퍼갑이란 파워엘리트 집단은 이명박 시절엔 고소영(고려대 · 소망교회 · 영남인)

이요, 박근혜 정부는 고서영(고시출신 · 서울대 · 영남인)이 인사수첩 영순위라고 한다.

나는 노래방에 가면 2001년에 발표한 오승근의 인기곡 「있을 때 잘해」를 먼저 찾는다. 이제부터라도 이미 월북한 선원과 따뜻하게 살펴주지 못했던 선주와 같은 갑을 모두가 어깨걸이하며 이 노래를 부르는 상생의 세상이 되기를 기대해 본다.

> 있을 때 잘해 후회하지 말고 / 있을 때 잘해 흔들리지 말고 가까이 있을 때 붙잡지 그랬어 / 있을 때 잘해 그러니까 잘해! ~~

칠거지악

사회지도층이 마땅히 이행해야 할 도덕적 의무를 '노블레스 오블리주'라고 한다. 우리 사회에서 이러한 의무를 실천하는 사례는 흔치 않다. 도덕적 의무를 다하기는커녕, 온갖 불법과 탈법을 동원해 재산을 축적하는 사회 지도층에 대한 분노가 서민들의 삶을 더욱 힘들게 하고 있다. 그래서 한때는 '땅불레스 돈불리주'라는 비아냥 용어가 번지기도 했다. 중광스님은 세금 포탈하고 부정축재한 놈이나 돈을 훔친 놈이나 도둑놈 이름은 평등하다는 돌직구를 날린 바 있다. 싱가포르와 같이 비리와 부정이 없는 공직사회의 원칙과 상식 그리고 정의가 살아 있는 뉴스가 지축을 흔든다면, 우리 국민들의 행복지수는 OECD에서 가장 으뜸일 것이요, 도의교육은 학교 교육과정에서 삭제해도 괜찮을 것이다.

경제활성화를 위한답시고 필요한 규제마저 혁파하여 지금보다 더 잘 산다면 무엇이 어떻게 변한다는 것인가. 아무리 육체적으로 배부르고 편할지라도 정신적 스트레스가 쌓이면 그 불행은 너무도 자명하다. 늦게라도 사회지도층들이 국민 모두의 워너비스타가 된다면, 얼마나 행복한 사회가 되겠는가. 꿈같은 이야기일지라도 꿈은 이루어진다고 했다. 벨기에의 극작가 모리스 마테를링크의 동화극 「파랑새」의 이야기가 전한다. 행복의 상징인 파랑새를 찾고자 먼 길을 헤맸으나 찾지 못하고 집에서 파랑새를 찾았다는 내용이다. 행복은 가까이에 있는데, 현실에 만족하지 못하고 이상만을 추구하는 병적증세를 '파랑새 증후군'이라고도 한다. 먼 데서 우리의 꿈을 찾기보다는 다음의 칠대 거악巨惡만이라도 뿌리 뽑힌다면 우리에게는 반드시 희망이 있다.

일부 정치인이나 고급관료들의 졸부근성, 물품 밀어내기 등으로 을에게 자살을 강요하는 간접살인자 갑, 서민들의 구멍가게를 숨구멍까지 막아버리는 거대기업의 갈고리 상술, 대기업의 불법자금이나 사회지도층의 부패와 범죄는 너그러우면서 서민들에게는 엄정한 법집행의 양면성, 법망을 교묘히 빠져나가도록 안내하는 가이드 변호사와 탈세를 부추기는 막장 세무사, 이익단체로 환골탈태하려는 일부 종교집단, 그리고 합법을 가장한 조직폭력들의 기업형태 및 사회폭력 등이다.

이 거악 근처를 조금이라도 얼쩡거리는 '땅불레스 돈불리주'들을 청와대 인사수첩에서 완전 삭제하고 인재를 널리 구하려는 정료지광庭燎之光의 의지가 실행된다면, 우리의 꿈은 성큼 다가올 것이다. 그리고 이 바쁜 세상에 할 일도 많은데 '창조경제' 운운하며 말씨름할 때가 아니다. 우리가 흔히 말하는 창조론은 유일신인 경외스러운 하나님이 태초에 우주 만물을 창조했다는 그리스도교적 믿음에서 비롯되었다. 어찌 된 일인지 기독교인들이 이를 묵인하고 얌전히 지켜보고 있는 것이 가상하다.

굳이, 독특한 용어를 쓰고 싶다면 창의경제나 실학경제 아니면, 혁신경제 하면 될 것이 아닌가.

요즈음 서민들의 어려움을 분탕질하는 말 중에 '착한가게' 혹은 '알뜰주유소'란 열쇳말이 있다. 이들이 돈을 벌면 얼마나 벌겠다고 손님한테 가격을 내려 받도록 하는 것인지 이해할 수가 없다. 오히려 유통구조의 개선과 서민가게 보호를 위한 특단의 정책이 아쉽다. 나는 특별한 경우는 제외하고는 이들을 위해 현금쓰기 운동을 벌이고 있다. 이 세상에서 가장 쉽게 돈을 버는 곳은 각종 카드회사가 아닌가.

어느 날, 덕진구 아중리에 사는 아들집에 들르면서 가슴 아픈 일을 경험했다. 셀프 주유소의 기름값은 일반 주유소에 비해 엄청 저렴했다. 이해할 수 없는 것은 이웃 담 사이에 같은 셀프주유소가 또 있었다. 시청에서는 영업허가를 내주면서 현지답사를 했는지조차 의심스럽다. 먼저 셀프를 실시한 주유소에 손님이 몰리자 바로 옆 주유소 역시, 셀프주유소란 간판까지 바꿔달고 도우미까지 두었다. 그러다 보니 도우미가 있는 주유소에 다시 손님이 들끓었다. 그렇다면 저렴한 가격으로 도우미까지 둔 셀프주유소는 어떻게 영업이익을 챙기겠다는 것인지 의아하다. 독일의 수학자 요한 가우스는 두 개의 격리된 공간에 동일한 조건에서 실시한 쥐 실험 결과의 '가우스 정리'를 내놓았다. 생태적 지위가 같은 동종들끼리는 서로 치열함을 보여주는 실험이다. 기업의 경우도 가장 경쟁력이 있는 기업만이 살아남기 때문에 끊임없이 차별화의 전략을 추구해야 생존할 수 있다는 이론이다. 한 공간에서 같은 방법으로 애면글면하는 셀프주유소를 보노라니 마음이 아팠다.

콩나물 값 100원을 깎아주면 기분이 좋지만 술값 100원 깎아주면 기분이 언짢다. 2만 원 책값을 5천 원 인상하면 소비자들이 쉽게 지각하지만, 50만 원짜리 TV를 5천 원 인상하면 그 차이를 전혀 느끼지 못한다. 심리학에서는 이것을 '베버의 법칙'이라고 한다. 아무쪼록, '땅불레스 돈불리주'가 아닌 '노블레스 오블리주'로 가득 채워진 세상을 위해 이 칠거지악만이라도 사라진다면 행복한 세상은 바로 지금, 여기가 아니겠는가.

펑펑 팍팍

천조 원이 눈앞에 아른거리는 가계부채 증가의 주요 원인 중 하나는 사채시장은 물론, 은행 · 보험 · 금융 · 카드사 등의 약탈적 대출경쟁 때문이라고 한다. 목마른 사람에게 물통은 그야말로 생명, 그 자체가 아닐 수 없다. 조삼모사란 말이 시사하듯 급전이 궁한 사람들에게는 뒷일보다는 우선 대출부터 받자는 유혹에서 자유롭지 못하다. 길거리와 아파트 등에 뿌려지는 대출안내 전단지, 그리고 휴대폰 문자에 이르기까지 허기진 마음을 흔드는데 집요하다. 신용등급 하락 걱정 없이 · 조회기록 걱정 없이 · 무보증 무담보대출 · 자영업자 100% 특별우대 · 신용불량자나 유흥업소 여성도 가능하다는 내용물들이 홍건하다. 30억으로 2조 원의 이익창출이 기본인 재벌황태자들이나 스톨에 갇혀보지 못한 사람은 이러한 급박한 심정을 이해한다는 것 자체가 모순이다. 이처럼 돈은 펑펑 빌려주고 이자는 팍팍 올리는 이들의 이윤 추구는 그래도 순수하고 애교가 넘친다.

계획된 일이나 사업이 잘 풀려 약속된 날에 빚을 순탄하게 갚을 수 있다면 금상첨화겠지만, 세상만사는 그렇게 호락호락하지 않다. 실타래에서 실이 엉키면 수습하기 난감하듯 제2금융권이나 사채시장을 기웃거릴 수밖에…. 신용불량자는 애당초부터 사채시장에 의존하는 경우가 현실이다. 연체되면 10분마다 이자가 1%씩 오르고 신고하면 생명에 대한 위협이 가해지는 혹독한 세상이 선진국 문턱을 기웃거리는 우리 대한민국에서 일어나는 거짓 같은 현실이다. 생활정보지를 통해 사채업자로부터 50만 원을 빌리는데 선이자 명목으로 21만 원을 떼고 20일 남짓한 기간에 이자로 낸 돈만 140만 원, 선이자까지 포함하면 이 살인적 폭리 세상에서 허덕인다는 이야기가 옛날 할아버지의 호랑이 담배 피우던 우화라면 좋을 텐데, 이는 2012년 4월 20일자의 경향신문 기사 내용이다. 미등록 대부업체에 의해 5명 중 1명은 연 100%가 넘는 고금리를 부담하고 있다고 금융감독원마저 밝히고 있으면서 발본색원할 의지는 보이지 않는다. 이뿐인가. 사채업자에게 500만 원을 빌려 갚지 못하자 옷을 벗는 모습을 보여주는 음란방송에 출연시켜 빚을 갚게 하는 팩트가 우리를 더욱 슬프게 한다. 한편, 길거리에 '빌려준 돈, 대신 받아줍니다.'라는 불법채권추심업자들의 폭력이 섬뜩한데도 경찰의 눈에는 보이지 않는지, 알아도 모른 채하는 것인지 의아하다. 나 역시, 가까운 이웃이 사업에 실패하여 난생 처음으로 장만한 집을 사채업자에게 고스란히 내어준 통증을 직접 목격했기에 그 모습이 더욱 애애하다.

물론, 정부와 경찰은 불법 사금융에 대한 단속을 강화한다고는 하지만 고리채의 피해자는 줄어들 줄 모른다. 대부분의 선진국들은 최고 이자 상한선을 20%대 수준으로 제한하고 있으나, 우리의 경우 법정이자는 연 30%대다. 그러나 시중은행의 예금이자가 2%대라면 이는 아주 엄청난 폭리를 정부가 보장해주는 격이다. 사채시장의 음성화를 걱정한 측면도 이해되지만, 예금이자 대비 대출이자는 5%대 전후로 연동한다면 적정하지 않을까 하는 생각이 든다. 거두절미하고 진정한 서민생활 보호를 위해 사채금융시장의 폭거에 대한 철저한 제도적 대책마련이 무엇보다 화급하다. 이 순간에도 약탈이윤으로 인한 곤욕과 가정파괴, 그리고 생명까지 빼앗기고 있는 현재진행형이기 때문에 그렇다.

셰익스피어의 5막 희곡 「베니스의 상인」에서 유태인 고리대금업자 샤일록은 안토니오의 몸, 1파운드를 담보로 돈을 빌려준다. 그 후 안토니오는 지불 약속기간을 넘겨 살을 잘리게 될 위험에 빠지자, 위장변호를 맡은 포샤는 살을 자르되 피 한 방울이라도 나오지 못하게 하고, 생명을 위협한 죄로 샤일록의 전재산을 몰수한다는 판결을 이끄는 데 성공한다. 김기덕 감독의 「피에타」에서도 채무자들의 생명을 위협하는 살인적 폭력을 다룬 영화가 2012년 장안의 화제가 된 바 있었다. 이처럼 허구 같은 현실 속에서 견기이작見機而作하지 않으면 큰 변을 당할 것 같은 도사리들이 어찌 한둘이겠는가.

지난날 공직생활에서 퇴직하면 연금을 믿을 수 없다 하여 금융권에 목돈을 정기예탁하여 높은 이자로 생활했던 시대가 있었다. 땀 흘려 번 돈을 은행에 예치함으로써 안정적인 재산증식의 포근함도 느낄 수 있었다지만, 이제는 옛말이 되고 말았다. 그러나 상위 소득자 1%가 전체 국민소득의 16.6% 이상을 차지하는 나라는 우리와 미국뿐이라고 한다. 이처럼 신자유주의 빛과 그늘이란 불균형 속에서 일반 서민들은 하루하루를 강팍하게 살아가고 있다. 더군다나 은행 문턱은 언감생심, 사채시장의 각다귀들에게 살인적 고금리와 신체적 위협까지 노출된 크레바스 같은 가계빚의 민주화만은 반드시 청산되어야 할 것이다.

희떱다할지라도 대출은 평평, 이자는 팍팍 올리는 고리사채시장에 대한 밀착된 감시와 강력한 법적통제는 물론이려니와 30억 원에 육박하는 일부 금융지주회사 회장의 연봉과 금감원 평균연봉 9천여 만 원이란 제도권 금융까지도 통절한 혁신이 곧, 창조경제의 본질이 아니겠는가.

대학민국

대학은 정규 학사과정의 최고 학제다. 옛날에는 공부 안 하면 돈이 있더라도 대학진학이 쉽지 않았다. 그런데 지금은 어떤가. 대학 진학률 85% 시대에 걸맞게 한글과 구구단마저 제대로 깨우치지 못해도 등록금만 챙길 수 있다면 박사과정도 어렵지 않다. 참 좋은 세상이다. 황금만능 시대다. 아이돌 가수의 아이콘 아이유는, '대학은 노력한 사람이 가야 한다. 지금처럼 바쁘면 대학생활도 소홀히 할 텐데 굳이 갈 필요가 있겠는가.'라고 말해 신선한 충격을 주었다. 그러나 지난날 피겨여왕 김연아(고려대)와 소녀시대 윤아(동국대) 등은 일 년에 한두 번만 출석해도 검색 순위 상단을 점령했다. 그리고 등록금을 많이 받아 미안한 탓인지 졸업생의 90%가 B학점 이상이며, 서울대 학생들도 절반 정도가 A학점을 받았다고 한다. 그야말로 영재들의 공화국이다.

이렇게 열심히 공부한 학생들의 취업도 최소한 B학점 이상은 되어야 할 텐데 이태백(이십대 태반이 백수)이 상징하듯 F학점에도 미치지 못한다. 자영업은 큰손들 때문에 허리를 못 펴고 중소기업은 대기업의 하수인 역할에 충실해야 함으로써 청와대와 연이 닿지 않으면 공기업이나 공무원이 최상일 수밖에 없다. 그런데, 금년 9급 공무원의 평균 경쟁률이 백대 일 이상이라니, 철밥통이 녹슬지 않는 까닭을 알 것 같다.

비록, 무한경쟁이란 신자유주의에 내몰려 청년백수와 사오정의 나락에서 헤매는 오늘의 세태이지만, 우리의 과거는 두레나 품앗이와 같은 자랑스러운 협력과 상생의 전통도 있었다. 이를 반면교사로 삼는다면, 이 좁은 나라에서 무려 411개의 대학들이 군웅할거할 필요가 있을까? 미국의 하버드, 예일 등 상위 10개 명문대학의 입학정원을 모두 합해도 1만 명 안팎이라고 한다. 하지만, 우리는 소위 SKY(서울대 · 고려대 · 연세대)의 입학정원만으로도 이에 넘치고 있다. 이처럼 학생들의 머릿수만을 늘려 수입원을 창출하는 상아탑이란 존재가 허접스럽다.

대학교육은 연구와 교육에 있음에도 일부 교수는 폴리페서란 특권을 앞세워 휴직한 채, 공직 진출이나 각종 선거 등에 자유롭게 뛰어들고 학생은 등록금 마련과 취업을 향해 달리는 마라톤 선수가 되어야 한다. 그 어디에도 진리탐구의 모습은 보이지 않는다. 지방대학이나 국립대학에 다닌다면 그래도 효자다. 공부도 시원찮으면서 수도권 사립대학의 비인가학과에 자녀를 둔 가정은 졸업도 하기 전에 풍전등화의 위험에 노출되어 있다. 그러기에 유치원 때부터 사교육비에 시달려온 부모로서 천만 원대의 등록금 준비를 위해 살인적 고통을 안고 달리다 목숨을 잃은 서민들이 어찌 한둘이겠는가.

이렇듯 지난날의 우골탑이 등골탑이란 고개를 넘더니 급기야는 사람의 목숨까지 앗아간 인골탑이 상아탑의 끝이 되어버린 현실 속에서 서민들은 허우적거리고 있다. 저소득층이 많이 다니는 전문대마저 98%가 사학으로써 등록금 인상률은 4년제를 앞선다니 깔딱고개가 눈앞에 어른거린다.

이처럼 하늘 높은 등록금을 탓하기 전에 고급인력의 실업자 양성소 및 취업중계소로 전락된 대학들이 이토록 많이 존립해야 하는가에 대한 참따란 진단이 절실하다. 오죽하면, 일부 누리꾼 사이에서 '등록금당(교육혁명당)'을 창당하려는 움직임을 보이고 있겠는가. 만시지탄이나마 정부는 고졸자에 대한 취업 확대 노력과 대학등록금에 대한 관심, 그리고 내년도 재정지원 및 학자금대출제한대학 선정 등이 정치적 몸짓이 아니기를 바란다.

미국의 대학사회도 우리와 크게 다르지 않은 모양이다. 『대학이 말해주지 않는 그들만의 진실』의 저자 데버러 로드는 대학소비자들로 불리는 일반 대중의 입장에서 가장 골치 아픈 문제는 세계에서 가장 비싼 등록금이라고 개탄했다. 뿐만 아니라, 지식의 추구라는 본래적 가치는 가차 없이 무너졌으며 경쟁과 성장의 바이러스가 대학사회를 파고든다고 지적하였다.

우리도 차제에 전국 189개의 4년제 대학 가운데 110개나 되는 사립대학 운영의 문제점부터 개선하는 일이 화급하다. 국가 재정이 빈궁했던 지난날에는 자본가들의 재력에 의한 육영사업이 나라 발전에 크게 기여했던 것은 사실이다. 그러나 그 공과만을 앞세워 오늘날에는 교육의 근본을 포기하면서까지 기업적 수단으로 전락되고 있다.

사학재단은 학교발전을 위해 해마다 법인전입금을 늘려야 함에도 몇

백억 대 적립금을 쌓아두고도 법인사업체의 부도를 막는답시고 교비까지 빼돌린 사학족벌왕국이 심심찮게 보도되고 있다. 급기야는 2013년 4,319억 원에 달하는 대학적립금을 돌려받기 위해 등록금환불소송에 나선 수원의 모 대학등이 이를 뒷받침해 주고 있다. 그러는가 하면, 기업의 이름을 딴 건물과 특권업체의 유치, 그리고 고급기숙사 및 식당운영 등으로 돈벌이가 쏠쏠하다고 한다. 이것도 모자라 최근 10년간 물가 31% 오를 때, 등록금은 최고 82%나 올리면서 카드 납부마저 외면하고 있다. 이들은 족벌왕국의 허구 아닌 실화 '도가니'의 신드롬을 자기 교훈으로 삼아야 할 것이다.

까탈 부린다고 할지라도, 진정한 대변혁 없이 기업적 마인드로 대학교육을 좌지우지하는 감바리들이 존재하는 한, 대한민국이 大學민국으로 더 나아가 대학교가 우리의 국교라는 국민적 의구심을 어찌 에둘러 부정할 수 있겠는가. 그러기에, 대학진학은 취업을 위한 필수가 아니라 자아완성을 위한 선택이 될 수 있는 세상이 된다면 얼마나 좋을까.

그곳에서 살고 싶다

초원 위의 그림 같은 집은 안전하고 포근한 디자인으로 지어졌기에 행복한 모습이다. 이재가 아닌 웰빙을 위한 한두 층의 단아한 삶의 공간이기에 자연과 함께 아우라가 넘친다. 하늘에 솟는 빌딩숲은 외롭고 메마른 회색빛이지만, 뭇 생명과 함께 호흡하는 맨땅의 작은 집은 초록빛이어서 더욱 아름답다.

이규태 선생은 큰 집을 '옥'이라 하고 작은 집을 '사'라고 했다. 屋자는 송장[尸]이 이른다[至]는 말이요, 舍자는 사람[人]이 길吉하다는 말이니 큰 집에 사는 사람은 화를 입게 되고 작은 집에 사는 사람은 복 받는다는 것이다. 그렇다. 큰 집은 우람한 건축물이요, 작고 순박한 집은 시골에서 흔히 볼 수 있는 우리 부모님들의 집이 아니겠는가. 20세기 후반 세계 물리학계를 이끈 이휘소 박사는 20여 년 이상을 미국에 살면서 가장 편안했던 집은 어린 시절의 고향집이었다고 한다. '작으나 나의 궁성, 외로우나 나의 옛집'이란 메모를 통해 고국의 어머님을 그리워했다.

돌이켜보면, 고대의 신전과 피라미드를 비롯하여 궁전이나 기념탑 같은 큰 건축물들은 절대 권력의 영광을 칭송하는 도구로써 대중들을 압박하고자 했다. 히틀러는 '빛의 궁전'이란 건축물의 위용을 가장 잘 이용하고자 했던 독재자였다. 둥근 지붕의 높이가 무려 290m, 직경이 250m, 15만 명이 한꺼번에 수용할 수 있는 우람한 규모였으니 말이다.

청와대는 어떤 곳인가. 일제가 경복궁을 발 아래로 내려 보기 위한 총독관저의 옛터로써 우리의 자긍심을 짓밟은 곳이었다. 지금의 건축물은 전두환 때 지은 것으로 전통성 없는 통치자의 흔적과 겉모습은 목조건물을 흉내 낸 콘크리트 건물로 알알이 속임수가 담겼다. 그래서 그랬을까. 이곳에서 생활했던 대통령들은 하나같이 국민들의 원성을 피하지 못했다. 이 기회에 런던의 다우닝가 관저나 워싱턴의 백악관이 시민의 눈높이에 세워진 깊은 뜻을 새겨보는 지혜가 아쉽다. 그러기에 좋은 집에 살면 좋은 삶이 되고, 나쁜 집에 살면 나쁘게 된다는 이치가 되새겨진다.

한편, 큰 건축물의 상징인 아파트까지도 '규제는 암 덩어리'란 맥거핀 효과를 노린 박근혜 정부에서는 수직증축을 허용했다. 여객선 세월호의 참사에서 보았듯이 수직증축의 불길함이 우리 마음을 어둡게 한다. 그야말로 '옥상옥'이 아닐 수 없다. 이뿐만이 아니다. 학교주변 호텔건축 허용을 비롯하여 산업단지 내 녹지를 없애고 공장용지를 쉽게 전환할 수 있는 규제완화와 푸드 트럭 개조를 위한 자동차관리법시행규칙개정안 역시, 이와 유사한 업종간의 편형성에 문제가 없는지 충분한 검토가 필요하다. 최태욱 교수는 시장과 사회에서의 포식자와 약탈자에 대한 규제는 민주정치가 살아있음을 보여 주는 착한 규제의 징표라고 했다. 강수돌 교수는 규제를 푼다는 것은 돈벌이 기업의 자유를 신장시키겠다는 것임을 모 언론지 칼럼에서 밝히고 있다.

특히나, 박대통령은 취임하자마자 국정 주요가치로 '안전'을 강조하기 위해 '행정안전부'를 '안전행정부'라 개칭하고 각 부처로 분산된 재난관리를 안전행정부장관이 직접 지휘토록 하는 '중앙재난안전대책본부(중대본)'를 발족시켰다. 그러나 세월호의 대재난사고를 맞아 중대본은 구조자 및 실종자의 집계마저 매일 다르게 발표하는등 유명무실한 대책본부로 전락되고 말았다. 이에 다시 '재난및안전관리기본법'에도 없는 옥상옥의 '범정부사고대책본부'를 급조, 국무총리로 하여금 총괄지휘토록 했지만 구조작업은 여전히 갈팡질팡하자 사고 발생 12일째, 마침내 정홍원 총리는 사임하겠다고 했다.

설상가상으로 새누리당은 재난 전담기구를 상설화하는 '재난청'을 신설하겠다고 설치고 세월호 참사 13일 만에 대통령은 국무회의에서 건조한 사과와 함께 강력한 재난컨트롤타워 역할을 하는 국무총리 산하의 '국가안전처'란 또 다른 해괴한 옥상옥을 짓겠다고 얼러방쳤다. 이는 마치, 통일부가 있음에도 불구하고 '통일대박'이란 발언으로 마치 대박이라도 난 듯, '통일추진위원회'를 청와대에 급박하게 설치, 대통령이 위원장직을 맡아 만기친람 한다는 옥상옥의 모델을 다시 보는 듯했다.

기존의 시스템이 왜 제대로 작동되지 않는지 진지한 검토와 이에 합당한 보완대책이 우선일 텐데, 포말처럼 사라져 갈 옥상옥부터 짓고 보자는 땜질식 컨벤션효과는 언제까지 챙겨야 할 구태인가, 그저 안타깝다. 원자력발전소를 계속 늘리면서 노후 원전의 수명을 연장하면서, 그리고 각종 좋은 규제마저 여인네 머리 풀듯 마구 풀어버린다면 아무리 좋은 옥상옥인들 무슨 의미가 있겠는가. 그러기에 조선 바늘에 되놈 실 꿰듯 옥상옥의 미련에서 과감히 벗어나 본연의 임무에 충실한 평상심만이 어떤 제도혁파보다 우선이란 점을 각성할 필요가 있다.

세월호의 침몰 당시, 선장은 해경이 구조한 첫 생존자로 알려졌다. 안전사고 발생 시 최종 지휘관은 선장이다. 선장은 승객의 안전 여부가 확인되기 전에는 어떤 일이 있더라도 자리를 지켜야 한다는 것은 기본이다. 2012년 이탈리아 검찰은 유람선 침몰사고 당시 배를 버리고 도망친 선장에게 2,697년 형을 구형했던 교훈이 우리를 부끄럽게 한다. 고귀한 목숨을 한 순간에 잃은 300여 명의 탑승객은 아무 죄 없는 우리 국민들이요, 학생들의 생명을 구하고자 헌신한 박지영과 같은 승무원은 워너비 스타 이상으로 추앙받아야 할 영웅이라면, 선장은 사회의 지도층에 속하는 일부 군집과 나라를 움직이는 최고의 권력자에 비유된다.

물살이 아무리 급하게 흘러도 그 위를 비추는 달빛은 풍랑에 흔들림 없이 제자리를 지킨다. 이러한 자연의 순리는 우리 인간사회에서도 마찬가지다. 외화내빈의 옥상옥보다는 자연과 어우르며 안전하고 실팍한 작은 삶터를 우리 모두는 바란다. 그곳에 가고 싶다. 그곳에서 살고 싶다.

소중했던 시간들

족족足足적 위트

수필가 정진권 선생이 고등학교 시절, '전쟁발발'이란 한자쓰기 시험에서 '戰爭勃發'이라고 썼다. 그런데도 선생님은 정답을 쓴 자기보다는 '戰爭足足'이라고 엉뚱하게 쓴 친구를 칭찬하더라는 것이다. "일품이야, 위트란 바로 이런 거야. 이쯤 되어야 국어공부를 제대로 할 수 있지!" 하시며 한 시간 내내 그 위트라는 말씀으로 시간을 때우셨다는 것이다. 한자를 제대로 쓴 정진권 선생도 훌륭하지만, '발발'을 '족족足足'으로 훈訓을 음차音借한 재치도 선생님의 칭찬을 받을 만한 일품이 아닐 수 없다. 정진권 선생은 이를 '足足적 위트'라 했다.

한자에서 비롯된 '足足적 위트'의 모본은 역시, 음과 훈을 적절히 융합한 김삿갓炳淵의 시가 아니겠는가. 금강산을 여행하다 남루한 그의 형색을 보고 깔보는 중과 승려에게 그는 다음과 같은 시로 마음을 달랬다. "둥글둥글한 중의 머리는 땀 찬 말 불알이요(僧首團團汗馬閬), 뾰족뾰족한 선비의 대가리는 앉은 개X이라(儒頭尖尖坐狗腎).” 뜻[訓]은 저속한데 소리[音]는 고상하다. 이뿐이랴, 원산을 유랑하면서 칠팔 명 정도의 학동이 공부하는 서당에 앉아 있노라니 훈장은 보이지 않고 학동들만 김삿갓의 헐거운 모양을 보고 듣기에도 민망하게 지껄이자 참다못해 육두문자의 소리[音]로 살가운 의미가 담긴 시를 남기고 그는 자리를 뜬다.

“서당은 내조지乃早知요(내 이미 알고 있는데), 방중은 개존물皆尊物인데(다 잘난 척만 하는데), 생도는 제미십諸未十이요(모두 합해도 열이 넘지 못하고), 선생은 래불알來不謁이라(와서 뵙지 않더라).”

다음의 경우는 한문 해석에서 주체적 능동과 객체적 피동에 따라 의미하는 바가 다양하여 솔깃하다. 사람은 포유류임에도 가야국의 김수로·신라의 박혁거세, 그리고 고구려의 주몽 등은 모두 알에서 나왔다는 공통점이 있다. 그런데 신라의 경우, 『삼국유사』에서 보듯이 부기난득동남剖其卵得童男이란 문맥은 알을 깬 주체가 박혁거세가 아닌 족장(장로)들이다. 그러나 주몽의 파곡이출破穀而出은 스스로 알을 깨고 나온 주체임이 분명하다. 그 결과 혁거세는 추대된 왕이 되었으나 주몽은 부여국을 뛰쳐나와 새 나라를 건설, 스스로 왕이 되었다. 이처럼 알을 깬 주체가 능동인가 피동인가에 따라 길이 달랐다. 능동적 주체인 고구려는 수·당과 맞서 한반도 북부와 중국 동북지방에서 국기를 튼튼히 다졌던 반면, 타자의 힘을 빌려 줄탁동시啐啄同時의 기회를 놓친 혁거세가 시조인 신라는 오히려 적대국인 당나라와 연합하여 백제를 멸망시킴으로써 우리를 변방국가로 자초하였다. 고구려가 삼국을 통일했더라면 아니, 백제 중심으로라도 통일되었더라면 오늘날 한반도의 역사는 이보다 찬란하지 않았을까 하는 아쉬움이 남는다.

한편, 주체와 객체에 따른 한자 이해의 혼선은 북침에 대한 갑론을박으로 점입가경이다. 이제까지는 북한이 우리를 공격하였으므로 6·25 남침이라 했다. 우리가 북한을 공격했다면 북침으로 표현했을 것이다. 그런데 한자어에 어두운 학생들 입장에서는 6·25를 북침으로 이해하는 학생이 약 70%라는 어느 조사가 나왔다는 것은 한자에 대한 인식 문제였다. 남쪽이 북쪽을 침략하면 남침, 북한이 우리를 침입했다면 북침으로 인지할 수도 있다는 데 혼선을 빚고 있다. 이는 주술主述 관계로 보느냐 아니면, 목술目述 관계로 보느냐에 따라 해석이 달라진다. 한자에 능한 사람일지라도 여러 번 되뇌다 보면 미궁 속으로 빠져들기 쉽다. 이러한 현상은 한자 학습에 소홀한 탓도 있지만, 그 근원은 한국사 교육의 방관에서 찾아야 할 것이다. 그러기에 우리의 한국사 교육만은 선택 아닌, 필수가 되어야 한다. 우리는 대한민국의 국민이기 때문에 그렇다.

6·25 이후, 정비석 선생의 『홍길동전』이 '학원사'에서 간행되자 청소년들에게 인기가 대단했다. 그로 인해 『홍길동전』의 원작자는 허균보다는 정비석으로 알고 있었고, 「신라의 달밤」이란 노래를 부른 가수 현인 선생이 신라의 향가를 지었다고 믿었던 학생들도 많았다고 한다. 그때는 그랬다. 5·16 시대에 나는 중학교에 다녔다. 어느 날, 13세기 초 몽골 제국을 수립한 칭기즈칸에 대하여 선생님이 장황하게 설명하자 한 학생이 지루했던지 벌떡 손을 들며, "선생님, 그러니까 칭기즈칸이 강이름예요, 사람이름예요." 하는 엉뚱한 질문으로 웃음바다가 된 기억이 아직도 잊히지 않는다.

그땐 그랬지

하버드대 역사학 니얼 퍼거슨 교수는 우리 세대는 서구 지배의 종말을 목격하고 있다고 했다. 나는 중학교 때 이승만 독재의 종말과 5·16 군사정변을 목격했다. 그리고 초등학교 때는 맨발로 학교에 다녀도 조금도 창피하지 않았던 무척이나 어려웠던 배냇소 시절이었기에 면단위의 농촌에서는 절반도 중학진학이 힘들었던 황사처럼 신산한 삶들이었다. 해거름이 설핏하면 잠자리부터 챙겨야 했던 그땐 그랬다.

그래도 우리 마을에서는 나와 함께 넷이 초등학교를 졸업했는데 다행히 한 친구만 제외하고 중학교에 진학할 수 있었으나 고등학교 진학은 나밖에 못했다. 중학교 선택은 학생이나 학부모와 1차적 대화는 가능했지만, 최종적인 결정은 6학년 담임선생님의 몫이었다. 오늘날 헬리콥터 부모는 이해할 수조차 없을 것이다. 밥은 나가서 먹어도 똥은 집에서 누었던 그땐 그랬다.

이 무렵 하근찬의 단편 「흰 종이수염」은 가난이 임계점에 이르렀던 당시의 현실을 허구라는 그릇에 다음과 같이 담았다. "사람이면 염치가 좀 있어야지. 한두 달도 아니고. 이놈아! 너는 넉 달치나 밀렸잖아. 지금 당장 가서 가져오든지 그러잖음 아버지를 데려와!" 사친회비가 밀린 학생[東吉]한테 담임선생님의 담금질이다. 그의 아버지는 노무자로 끌려가 오른쪽 팔까지 잃고 그야말로 밤이 되면 호롱불 기름 걱정부터 해야 했던 그땐 그랬다.

지금의 고3 수험생들은 밤낮없이 대입준비에 매몰되듯이, 1971년 중학교 무시험입학제가 전국으로 확대 실시되기 전까지는 '국(초등)6병'이 있었다. 서울의 경기중학교 입학은 경기고를 거쳐 서울대의 정규코스였듯이 우리 학교 역시, 호남의 명문중학교로서 경기중학교가 부럽지 않았다. 그러기에, 우리 학교 모표에 흰 띠 두른 모자를 쓰고 시내를 거닐면 어깨가 으쓱하였다. 그땐 그랬다.

우리들의 그때 그 시절, 교과서의 문장을 달달 외우지 못하면 회초리로 머리를 두들겼던 영어선생님과 학습준비를 제대로 해오지 않으면 복도에 윗옷을 벗겨 추위에 떨게 했던 미술선생님과 같이 훈육중심의 교육에도 학생이나 학부모는 이를 교육의 한 방법이라 생각했고 이의가 없었다. 지금은 학생인권 운운하면서 교사의 체벌금지가 법제화 되어가는 소용돌이 속에서 파행적 교육의 실상이 몸살을 앓고 있지만, 폭력과 체벌은 엄연히 구분되어야 할 것이다. 괴테의 충고를 듣고 싶다. "어리석은 생각이든, 똑똑한 생각이든 옛사람들이 이미 생각지 않은 게 없음을 항상 기억하라." 그리고 정기고사가 끝나면 어김없이 단체로 영화 관람을 했다. 비록, 흑백영화라 할지라도 「나는 고발한다」 「느티나무 언덕」

「독립협회와 청년 리승만」「유관순 누나」「춘향전」「성웅 이순신」 등은 「아바타」를 능가했다.

한편, 이야기로 재미있게 수업을 이끄신 김직돈 선생님도 잊을 수 없지만 그래도 오늘의 나를 있게 해 주신 분은 3학년 담임이었던 박인섭 선생님이다. 수업시간에 조는 학생에게 "잉어는 잠을 잘 때도 눈을 감지 않는다는데, 넌 왜 자지 않으면서도 눈을 감냐?" 라는 정도다. 이미 고인이 되신 선생님께서는 나의 고등학교 원서를 세 번이나 바꿔 써주셨다.

김수환 추기경의 소년시절을 회고하는 글에서 "우리 어머니는 내가 막내였기 때문이었겠지만 나에 대한 애정이 대단하셨다. 그런데 크면서 부모의 품을 좀 떠나고도 싶어 갈등을 느꼈다."고 했다. 나 역시, 부모 곁을 떠나 진학하고 싶은 충동에 함몰되어 친구 십여 명과 함께 아버님 몰래 외지 학교에 원서를 쓰게 되었다. 이를 뒤늦게 아시게 된 아버님께서는 일제강점기부터 전국적으로 유명한 농림고등학교가 옆에 있는데 어디 멀리로 가느냐며 불호령이 떨어졌다. 할 수 없이 농고로 원서를 고쳐 쓰게 되었다. 어머님께서는 내가 헛헛해 보였던지 곗돈 타면 학비를 댈 테니 가고 싶은 학교로 원서를 다시 쓰라고 하셨다. 어머님의 용기에 뛸듯도 하였지만, 담임선생님께 말씀드리기가 난감했다. 그런데 선생님께서는 "야 이놈아, 잘 생각해서 쓸 일이지 또 바꿔!" 하면서 내 무거웠던 마음을 녹여주신다. 그 포근하신 미소는 아직도 잊히지 않는다.

아버님께서는 8남매의 장남인 나에게 '너 크면 면서기 되어라.'라고 노래하셨다. 그때 우리 집은 부농으로서 벼농사의 작황을 면서기가 확인하여 세금을 부과했던 시절이라 자식 키워 면서기 만드는 것은 농사꾼의 간절한 소망이었다. 하늘 아래 영원한 것은 없다지만 아버님은 내가 교단에 서기도 전에 작고하셨다. 비록, 면서기는 되지 못했을지라도 요즈음 중등교사 되기가 하늘의 별 따기인데 교장으로 정년까지 하였으니 더 이상 무엇을 바라겠는가? 안철수 의원을 정치현장으로 끌어낸 사람이 청춘콘서트를 기획한 법륜 스님이라면, 내 오늘이 있기까지 성공적인 삶을 이끄신 분은 바로, 나의 부모님과 선생님이 아니겠는가.

한편, 비디오 카메라로 찍은 동영상도 좋지만 때로는 빛바래고 구겨진 학창시절의 사진도 소중하듯 지난날을 뒤돌아보는 것도 헛된 시간은 아니리라. 뒤돌아보면, 인생은 나면서부터 뛰어난 재능을 가진 사람(生而知之)과 갖은 고생을 겪으며 힘들게 깨우치는 사람(困而知之)이 있는가 하면, 좋은 가정환경에 훌륭한 부모님과 스승을 만나 쉽게 살아온 나와 같은 경우(學而知之)도 있다.

그러나 후회스러운 일은 교사 시절, 학생들에게 인성 중심의 교육에 힘써야 했는데 오직, 학력만을 채워주려는 과욕이 그만 자괴심으로 남겨져 아직까지도 나를 괴롭힌다. 그런데도 제자들의 성공담이 구름같이 몰려올 때마다 청출어람이란 생각과 함께 나의 졸시 「교편敎鞭」을 통해 자위해 본다.

> 어머니의 손길은/ 자식의 뱃속을 채우고
> 아버지의 미소는/ 가족의 용기를 북돋는다.
> 매 끝에 효자 난다더니/ 스승의 회초리에 미래를 맡긴
> 제자의 올곧은 인내가/ 오늘에 미소 짓는다.

추억의 씨앗

요즈음같이 컴퓨터를 상용하면서부터는 손편지 쓰는 일이 사라져가고 있으나, 지난날에는 편지글을 통해 진솔한 마음을 주고받았다. 편지쓰기가 취미였다는 다산 정약용이나 퇴계 이황 선생의 후광은 아닐지라도, 60년대 고등학교 2학년 때였다. 모 여성지에 내 쪽지 글이 실림으로써 한 여자로부터 한 통의 편지를 받게 되었다. 주소지가 우리 마을과는 좀 떨어지기는 했지만, 어릴 때부터 자주 찾아다니던 고모님 댁과는 지척이기에 더욱 친근감과 기쁜 마음이 가득했다.

이렇게 두서너 번 편지가 오가다 보니 미지의 얼굴이 복사꽃처럼 환하게 그려지고 아니 만났어도 여러 번 만난 친구 이상의 호감을 느낄 수 있었다. 처음 대면했던 장소는 기억나지 않지만, 첫인상은 생각보다 아름답고 예쁜 모습으로 내 마음을 흔들었다.

그러니까 내가 고등학교를 졸업하기까지 2년여 동안은 휴일마다 즐거운 시간을 함께 보낼 수 있었을 뿐만 아니라, 그동안에 편지글만도 수백 통! 이러한 용기는 아마 그 당시 왕성하게 이루어진 펜팔문화의 힘이 아니었던가 생각된다. 청마 유치환은 시조시인 정운에게 첫눈에 반해 20여 년간 5,000여 통의 편지를 보내면서 행복을 느꼈다고 한다. 나 역시, 좋은 편지를 쓰기 위한 핑계로 억지 독서도 그때 많이 한 것으로 기억된다. 아마도 오늘의 문학적 소양은 그때 뿌려진 씨앗이라 해도 과언은 아닐 것이다.

지금은 석사 학위(광운대)까지 취득하여 만학도로서 젊음을 되찾고 있지만, 그 당시엔 시골 중학교를 졸업한 곱다란 아가씨에 지나지 않았다. 그 짧은 동안이나마 서로의 가정도 방문하였고 부모님과도 수인사하면서 지냈을 정도였는데, 내가 고등학교를 졸업하고 대학입시 준비한답시고 시간에 쫓기다 보니 소식도 관심도 멀어질 수밖에…. 그 후, 대학을 졸업하기도 전에 그녀는 기혼자가 되었고 나 역시, 군대와 직장 그리고 가정생활에 함몰되어 그만 젊음의 벼릿줄을 놓치고 말았다. 그래도 살아가면서 생각나면 부담 없이 연락할 수 있다는 것만으로도 다행한 일이라 생각된다.

한 시인의 시구가 떠오른다. "세상의 유전이 다하고 암흑이 온다 해도 빛을 구할 데는 마음밖에 없나니, 나는 나를 밝혀 그대 편지를 읽으리라." 우리들의 이야기를 훔쳐 놓은 표현 같다.

때로는 힘겹고 참기 어려운 일을 당할지라도 그 고통을 스스로 인내하다 보면 누군가 내게 보내온 생명이 깃든 글(편지)을 읽는 순간, 우리들은 많은 위안을 받을 수 있다. 그리고 사람의 온기가 깃든 편지지에 단순한 문자가 아닌 사랑과 감사의 마음으로 답장을 보내는 기쁨 또한, 행복

바이러스에 감염될 수밖에…. 그 대상은 나를 낳아주신 부모님이든, 친구이든, 연인이든 하늘 땅만큼 넓고 넓다.

지난날 우리들의 사랑하는 마음은 보석처럼 빛났으나 사랑한다고 고백하지 못한 청순한 인연이었기에 오히려 빛바랜 노년에서나마 부담 없이 흘러간 노래를 불러볼 수 있지 않은가.

제자의 밥그릇

너무도 많이 들어왔던 말 중에 순자荀子의 교훈이 가슴에 와 닿는다. "배움을 그만둘 수 없으니 푸른색은 쪽빛에서 취했으나 쪽보다 푸르고, 얼음은 물로 만들었으나 물보다 차다.(學不可以已 青取之於籃而青於藍 氷水爲之而寒於水)" 제자는 스승으로부터 배웠으나 그 베풂은 스승보다 낫다고 이해된다.

그러니까, 35여 년 전의 햇병아리 초년 시절, 함께 근무했던 선생님들의 모습은 확연한데 지천명을 넘긴 제자들의 굵은 용모를 알아보기에는 쉽지 않았다. 이 세상 대부분의 선생님들은 말 잘 듣고 공부 잘하는 학생들에게 남다른 관심과 애정을 두고 지도한다. 그러나 이들이 성장하면, 오히려 특별한 배려를 받았던 제자보다 생각지도 않은 제자가 스승의 고마움을 더 잘 기억하는 사례는 너무도 비일비재하다. 그러기에 학생을 지도할 때는 편애하지 말고 누구에게나 무조건적인 관심과 사랑을 넘치게 베풀어야 함은 당연한 스승의 도리이나, 지난날 그러지 못했던 회한이 오늘따라 무겁게 마음을 짓누른다.

30여 명의 제자들이 광주무등관광호텔의 한 홀에서 둥그렇게 모여앉아 희희낙락 웃음꽃이 흐드러지면서 학창 시절의 열기가 얼굴마다에 가득하다. 초대받은 은사를 대표하여 나에게 축사를 부탁한다. 나는 이토록 건강하고 성공적인 삶을 위해 열심히 뛰고 있는 제자들의 아름다움을 칭찬하여 주었다. 그리고 이들은 가정에서나 직장에서나 가장 중추적인 역할을 다하면서 이제는 무엇이든 갚아나가야 할 50대이기에 조금이라도 베풀고 매사를 긍정적으로 생각하면서, 그리고 양보하며 인내하는 생활을 당부하는 것도 잊지 않았다.

그런데, 이날 제자들은 대부분 자유스럽고 간편한 옷차림이었는데, 정장을 한 제자가 나에게 다가와 잘 가르쳐주셔서 오늘 이만큼이라도 성공할 수 있었으니 즐겁게 보내시고 오늘밤은 제가 선생님을 모시겠다며 적극적인 관심을 보인다. 저녁식사가 끝나고 곧이어 여흥 시간이 되자 분위기는 오랜 만남의 우정과 사제지정이 하나 되어갈 무렵, 시간은 차바퀴 돌 듯 빠르게도 흘러간다. 갑자기 한 제자가 마이크를 잡더니, 학창 시절 나한테 두어 시간을 두들겨 맞았으나 오늘 이처럼 건강하신 모습을 보노라니 가슴이 뭉클하다며 '당시의 아픈 감정은 우리 다함께 이 술잔 속에 녹여버립시다.'라며 건배를 청한다. 순간, 나는 얼굴이 화끈거릴 틈조차 없이 그에게 다가가 사면해 주어 고맙다며 술잔을 높이 챙겼다. 한편, 제자들이 우리들 때문에 불편할 것이라는 생각이 들어 노래 한 곡씩 서둘러 부르고 자리에서 일어섰다.

나는 광주고속터미널까지 택시를 부르도록 했는데, 택시가 도착되자 내년에 다시 만날 묵언의 약속을 뒤로 하고 떠나려 할 즈음, 정장 차림의 제자가 봉투를 내놓기에 무척이나 당황하여 안절부절못하던 사이, 택시는 고속터미널이 아닌 전주를 향해 달리고 있었다.

얼마나 지났을까, "참 기쁘시겠네요. 어떻게 잘 가르치셨으면 그렇게 훌륭한 제자들을 두셨어요."라며 기사님이 부러워한다. 과분한 대접을 받아 상기된 기분이 채 가시기도 전에 전주에 거의 도착, 택시비를 주려고 겉봉투를 살펴보니 모 중소기업체의 사장 직함으로 선생님 때문에 제가 이렇게 성공할 수 있었다는 인사말의 의미를 읽을 수 있었다. 『논어』에 보면 공자가 자신의 인생을 성찰하는 부분 중에 회인불권誨人不倦이란 말이 나온다. 남을 가르침에 게으르지 않은 삶을 살아왔는가를 묻고 있는데, 나를 뒤돌아볼 때 그저 부끄러운 마음이 가득할 뿐이다.

후목분오朽木糞圬란 말이 있다. 제자가 성공할 수 있었던 것은 스승의 가르침이라기보다는 자기 스스로의 강인한 의지와 은근한 노력의 결과가 아니겠는가. 그런데도 자기 아닌 타인(부모나 선생님)에게 먼저 감사하는 마음이 더욱 아름답게 보였다. 아무쪼록, 잊혀져가는 과거를 다시 내일의 행복한 기다림으로 우뚝 솟게 한 전라남도 병영상업고등학교 제11회 제자들의 무궁한 발전을 바라는 마음은 나 혼자만의 생각은 아니리라.

그릇에 구정물을 담으면 구정물 그릇이, 독극물을 담으면 독그릇이 되어버린 오늘의 세태에서 오늘의 주인공들은 밥을 담는 밥그릇으로서의 역할을 다하는 죽대잡이 제자들로 성장했다. 그릇 안에 무엇을 담느냐에 따라 그 쓰임과 가치가 달라진다. 가난했던 부뚜질 시절이나 지금이나 밥은 곧 참살이가 아닐 수 없다. 쾌족한 성공은 아닐지라도 구정물도 독그릇도 아닌 밥그릇이 된 제자들의 든든한 성장을 지켜보노라니 지난 세월의 추억이 오늘따라 값지게 느껴진다.

고향의 봄날

만고의 영웅 진시황도 · 글 잘하던 이태백도 · 천하명장 초패왕도 · 약 잘 쓰던 편작도 세월 따라 묻혀갔다. 똑같은 시간인데도 천방지축 어렸을 때는 그렇게도 더디게 가던 세월이 나이가 지긋하면서부터는 하루하루가 왜 그리 광속 같은지….

똑똑하고 잘난 사람만 연륜이 쌓이는 줄 알았는데, 이제 생각하니 나 같은 무지렁이도 이렁저렁 세월의 숫자는 속일 수 없나 보다. 남은 세월이 비록 짧을지라도 영화 「이프 온리」에서 '이안'이 '사만'에게 베푼 단 하루 동안의 헌신적인 사랑만큼이라도 앞으로의 시간을 행복하고 값지게 보내야 하겠다고 다짐하지만, 우리 세상사 그렇게 단순하지만은 않다.

교직에 첫발을 내딛고 30여 년 동안은 학생들과 아웅다웅하면서 열정도 토해냈지만 교장이란 자리에 이르고 보니 학생지도보다는 외적 상황의 그릇된 관행에 나약한 그림자되어 흐트러진 모습이 어린거린다. 세상살이란 어떤 환경에서나 마찬가지겠지만 특히, 학교생활은 조금은 헌신적으로 봉사하는 태도와 양보하는 아름다움을 학생들 앞에서 보이는 수범이 필요하다.

세상에 존재하는 모든 것에는 그만의 존재 의미가 있다. 이것을 깨닫고 실천하는 것이 바로 소명의식이다. 요즈음 선생님들에게 성냥개비나 양초같이 자신을 불태워 세상을 밝혀달라는 소명의식까지 욕심낼 수는 없지만, 교사와 학생들 간의 인간관계는 가족의식의 사랑 정도로 교실에서 넘쳐야 할 것이다.

특히나, 학교 경영자의 입장에서는 학생 · 학부모 · 지역인사 그리고 교사를 비롯한 일반 행정직에 이르기까지 작든 크든 인간 중심적인 감정의 사고가 넘쳐흐를 때, 2세 교육은 희망이 보인다. 학교 구성원 하나하나가 그 주어진 역할이 모두 소중하지 않을 수 없으나 학교예산을 관리하는 학교장과 이를 집행하는 행정실장 간의 호흡이 뒤틀린다면 원만한 학교경영은 기대할 수 없다.

지난해 가을, 도교육청에서 부임한 만삭둥이 행정실장과 나는 교직을 떠난 후에도 오래도록 기억될 좋은 인연을 맺게 되었다. 겉보기에는 연약해 보이나 외유내강이라고나 할까? 신년도의 꼼꼼한 예산 편성부터 지난해 절제된 예산 운용으로 연말 무렵에는 지금까지 미루어왔던 크고 작은 시설 정비와 긴요하게 쓰일 교구 등을 구입함으로써 학교장의 의지를 힘껏 펼칠 수 있었다. 그 후 예정일보다 빨리 산고를 느낀 행정실장은 병원에 입원한 후, 나에게 문자 메시지를 보내왔다. "감사합니다. 너무 너무 감사합니다. 몸 추스린 다음에 연락드리겠습니다."

공무원으로서 산후휴가는 법적으로 보장되어 있어, 나에게 감사할 이유가 없는데도 90여 일 동안 자리를 비운다는 것이 못내 미안한 모양이다. 아무쪼록 예쁜 공주와 함께 건강하게 퇴원하여 다시 즐겁게 근무하는 모습을 하루빨리 지켜보고 싶다.

교직생활을 고향에서 마무리하고자 이곳에서 근무한 지 벌써 2년, 앞으로 남은 2년 동안 우리 학교 교육가족과 더불어 질펀하게 교육잔치를 구상하노라면 그만 행복감에 젖는다.

예수는 고향 사람들이 자신을 불신하자 "어디서나 존경받는 예언자도 제 고향과 제 집에서만은 존경받지 못한다."고 탄식했다는데, 나의 고향은 언제나 따스한 봄날임에는 어찌하랴!

나이 드니 철들다

"나, 이제 십대야!"

맞벌이하는 오빠 부부를 대신해 고모가 조카를 돌봐주는데 열 살 되던 해, 아기 취급하지 말라는 경고로 조카가 내뱉은 말이었다. 머리에 피도 마르지 않은 녀석이…. 하지만, 차분히 생각해 보니 고모는 부모와는 달리 모모와 같은 친구인 줄 알았을 텐데, 엄마와 다름없이 걱정이라는 이름의 간섭과 사랑이란 이름의 잔소리꾼으로 되어버린 자신을 뒤돌아보는 이야기가 『대한민국 10대를 인터뷰하다』에 소개된다.

어른들은 미래를 강조하지만, 십대들은 지금 이 순간의 삶이 전부다. 이들에게 대통령이나 장관을 지낸 사람들처럼 "내가 해봐서 다 아는데!" 운운하는 조언이나 충고 따위는 큰 의미가 없다. 부모는 아이들의 행동을 이해 못하고 아이는 부모에게 자신의 고민을 이해시킬 수 없는 전쟁이 곧, 사춘기가 아니겠는가. 이 시기에는 무거운 조언보다 가벼운 농담이나 유머가 오히려 비타민이 되지 않을까. 교사들 사이에, 북한이 남침

하지 못하는 이유는 중이(중학교 이학년)가 무섭기 때문이라는 우스개가 있다. 이들을 어떻게 가르치느냐가 문제가 아니라 통제 자체가 어렵다는 것이다. 그래서 중학교 발령을 꺼려하고 명예퇴직을 희망하는 교사가 많다는 사실이 이를 방증하고 있다. 십대의 속내를 진술한 행동으로 표출된 실제와 같은 허구도 있다.

불량소년, 스미스는 감화원으로 송치되자 장거리 선수로 발탁된다. 그가 멋지게 우승하여 명예로운 상을 획득할 것을 기대하면서 원장은 열심히 지도한다. 소년은 원장의 눈치를 보면서 연습에 열중한다. 그러나 경기가 시작되는 날, 소년은 상대 선수에게 보기 좋게 져줌으로써 원장의 콧대를 꺾어 놓는다. 이 1인칭 소설, 『장거리 주자의 고독』은 1928년 실리토우(A. Sillitoe. 영)의 작품이다. 유년시절 하층 노동자들의 가난했던 생활을 체험한 이 소년에게는 원장의 고상한 교훈은 공허한 메아리요, 단순한 잔소리로밖에 들리지 않았다. 그래서 소년은 원장의 희망을 점잖게 행동으로 거절한 것이다.

내가 중학교 현직에 있을 때의 일이다. 2학년 학생이 전학 왔다. 1학년 때까지만 해도 엄마 말을 잘 듣던 애가 2학년이 되자, "엄마! 나에게 말 걸면 내가 무슨 일을 저지를지 모르니까 다시는 나한테 잔소리하지 마." 긴장된 엄마의 얼굴이 아직도 지워지지 않는다. 1남 1녀를 기르면서 지금까지 잘 지내왔는데 갑자기 폭탄선언을 들으니 딸의 얼굴 보기마저 두렵다는 것이었다. 누구의 잘잘못을 따질 여유가 없다. 딸의 덧정이 없는 행동을 엄마가 고치겠다고 다그친다면 이미 중학교를 졸업하고 성인으로 훌쩍 성장, 엄마와의 앙금만 기억될 것이다. 자녀교육은 가정에서부터 부모가 당연히 책임져야겠지만 옛날과 달리 요즈음은 만만찮다.

신경숙의 장편 『엄마를 부탁해』는 내 고향, 정읍이 배경인지라 아주 관심 있게 읽어보았다. '엄마를 잃어버린 일주일째다.'로부터 시작하여 지난날 우리 엄마와 너무도 평범한 이야기를 회상체 형식으로 화자를 바꿔가면서 엮었는데 감명받을 정도는 아니었다. 세상 엄마들이 신경숙의 엄마가 아닌 사람이 어디 있겠는가. 십대의 딸들도 언젠가는 신경숙의 엄마처럼 자식들에게 희생할 줄 알기 때문이다. 그러기에, 오늘의 십대를 지나가는 구름의 변화처럼 자연스럽게 받아들이면서 앞장서지 말고 도와주는 역할에만 힘써달라고 엄마들에게 주문한다면, 생각처럼 쉽지 않다고 헤갈스러워 할까. 공지영의 『행복학교』에서 '내비도'의 교주 최도사의 이야기가 나온다. '내비도'란, 사람을 억압하거나 경쟁하지 말고 제발 좀 내버려뒀으면 좋겠다는 자유와 평화가 넘쳐나는 철학을 담고 있다.

정토회 지도법사 법륜스님은 자식이 어릴 때는 따뜻하게 품안에 안아주는 게 사랑이고, 사춘기 때는 지켜봐 주는 게 사랑이고, 스무 살이 넘으면 냉정하게 정을 끊어 홀로 설 수 있도록 하는 게 사랑이라고 했다. 그런데도 우리 엄마들은 헌신적인 사랑은 용감한데, 지켜봐 주는 사랑과 냉정한 사랑에는 대답이 없다.

거시기지만, 나 역시 젊었을 때 교단에서 제자들을 곁에서 도와주지 못하고 왜 그리 앞에서 냅뜨며 이끌기를 좋아했던가, 나이 드니 철든다고 이제야 후회한들 이를 어찌 다시 주워담을 수 있을까.

괵구 염습 嘓懼殮襲

김동화님의 『빨간 자전거』 「허수아비」 편에 나오는 동화 한 토막이다. 벼가 익을 때 가장 바쁜 사람은 화난 표정의 참새를 쫓는 허수아비다. 그런데 겨울이 되어도 허수아비는 초가을의 굳은 표정을 그대로 하고 있다. 빨간 자전거를 탄 우편집배원이 "넌 아직도 그 표정이구나. 이젠 편한 얼굴 좀 해라. 그래야 참새들이라도 놀러오지…." 어쩌면 나를 두고 종알거리는 것 같다. 잘 나가던 그때, 나는 엄청 인상만 쓰고 다녔다. 퇴직 후에는 인상 쓸 일도 없는데 그때의 표정이 굳어져 이제는 근육마저 내 뜻대로 되지 않는다.

매사에 자신감이 넘쳤던 그 시절, 건강검진 통지를 받으면 귀찮고 짜증이 났으나 지금은 두려운 생각부터 든다. 교만할지라도 고혈압과 당뇨 그리고 불치병이 아직까지는 근접하지 않았는데 인생 고래희에 접어드니 건강에 자신이 없어진다. 스트레칭과 아령 그리고 버거운 배드민턴으로 근육을 다진다고는 하지만 세월의 위력 앞에 인간의 노력은 그저 위축될 수밖에…. 립싱크 같지만 알량하게나마 근육을 열심히 단련시키는 것은 세월을 이기고자 하는 것이 아니라, 그저 재미있으니 습관적으로 할 뿐이다.

매일 술 마시던 그때 그 시절, 건강검진 받는 날인지도 모르고 직장에 출근했다가 병원에 갔는데 지난밤에 마셨던 술 냄새가 악취로 번져 간호사들의 얼굴을 찌푸리게 했던 기억이 아직도 잊히지 않는다. 금연·금주하면서 건강에 관심이 많은 직원이 오히려 재검통지를 받은 경우가 있었다. 건강에 이상이 없다는 세월이 계속 이어지는 동안, 술과 담배는 내 곁을 굳건히 지켜왔던 동지였으나 퇴직한 후에야 어렵사리 떠나보내는 용기를 냈다. 술·담배가 아니라면 남자답지도, 시나 글도 쓸 수 없을 것이라 믿었는데 그렇지도 않았다. 또 다른 세상이 기다리고 있었다. 그것은 가족들이 반가워했고 모처럼의 특강 요청이 와도 당당하였다. 술 마시고 아침을 맞이하면 괜히 기분이 무겁고 찜찜했는데 이제는 그런 부담이 없고 홀가분해서 좋았다. 지난날에는 가족들이나 친구들과의 통화마저 귀찮은 경우가 많았으나 이제는 핸드폰도 조용하니 무료한 시간과 씨름할 때가 잦다. 그래도 다행인 것은 일주일에 서너 날은 배드민턴과 놀고, 때때로 컴퓨터 바둑판 속에 온정신을 가두다 보니 그 재미도 여간 쏠쏠하다.

우리는 지금 고령사회를 눈앞에 두고 있다. 앞으로 30여 년만 지나면 65세 이상의 인구가 전체 인구의 절반이 넘을 것이라는 전망인데 후손들이 얼마나 부담스러울 것이며 고령의 곤욕 또한 어찌 견딜 것인가. 한편, 나뭇잎이 떨어지면 거름되어 나무가 튼튼하다지만, 그래도 단하나

뿐인 생명인데 죽음에 대한 두려움을 어찌하랴. 우스갯소리일지라도 암보다 더 무서운 숙환만은 피하고 싶다. 사람이 죽으면 신문지상에 어김없이 숙환이라고 고지하니 이 병에 걸리면 치료가 불가능한가 보다. 달리 생각하면 숙환宿患이란 영원히 잠자는 병이니까 가장 행복할 것 같기도 한데….

젊었을 때는 일에 쫓겨 웬만한 것쯤은 귀찮게 생각했으나, 이제는 건강과 죽음에 대한 두려움이 눈앞에 얼비친다. 2010년 세계 24개국에서 번역 출간된 스테판 에셀의 『분노하라』란 책을 보면 두려움을 이기는 가장 강력한 힘은 분노라고 했다. 그리고 분노의 진정한 적은 두려움 때문에 발생되는 무관심과 체념이라는 사실도 지적했다. 파리 현지에서 저자와 우리 기자와의 인터뷰가 인상적이다. "삶이란, 시와 예술의 창조적인 행위와 타인에 대한 존중 그리고 사랑과 함께 할 때 두려움은 사라지고 빛을 발할 수 있다."라고 강조했다. 시인 고은 선생은 인생 후반기에 열정이 없다면 전반기의 열정은 가짜라고 하지 않았던가. 그래서 그랬을까. 권노갑 전 의원은 83세에 영문학 석사학위를 취득하면서 몰랐던 것을 알게 될 때의 즐거움은 이루 헤아릴 수 없다고 했다. 『논어』 「학이편」의 배우고 익히면 때로는 기쁘지 아니한가를 몸소 체험한 배움의 열정이 대단하다.

그렇다. 남은 삶의 공간이 넉넉지는 않지만, 귀찮다는 생각으로 무관심과 체념으로 놓쳤던 일들을 하나하나 다시 챙겨야겠다. 다행히 글 쓰는 창조적 행위와 긍정적으로 대할 수 있는 친구, 그리고 사랑을 나눌 가족이 있으니 스테판 에셀의 생각대로 이 얼마나 빛을 발할 수 있는 행복한 조건인가. 인생은 칠십부터 다시 시작한다고 했으니, 이제부터라도 귀찮고 두려운 괵구嘓懼를 염습殮襲할 용기를 내야겠다. 빨간 자전거를 탄 우편집배원이 화난 표정의 허수아비에게 던진 충고가 내 귓불을 다시 자극한다.

"넌 아직도 그 표정이구나. 이젠 얼굴 좀 펴라. 그래야 참새들이라도 놀러 오지…."

나는 아직도 교사다

퇴직의 세월이 누적되다 보니 대화의 상대가 몹시 궁하다. 그래도 마누라는 믿었는데 출퇴근하는 샐러리맨보다 더 바쁜 것 같아 기대할 수 없고, 손주들도 사춘기에 접어든 탓인지 주말이라도 마주치면 그저 썰렁하기는 마찬가지다. 신문이나 독서 등을 통해 스스로 대화할 수밖에 도리가 없다. 퇴직 첫해는 한자 사범자격 취득한답시고 열공과 함께 금연을 끝까지 지켜냈던 자랑스러운 시간들이었다. 이태 후에는 방과후 학교에서 한자를 가르칠 수 있는 기쁨과 가사문학 특강, 그리고 전북수필문학상까지 수상함으로써 꽤 좋은 한 해를 보낼 수 있었다. 그런데 올해는 예서제서 좋은 소식을 기다리고는 있으나 무소식이 희소식이라고 독서와 친구하면서 좋은 시간을 챙길 수밖에….

이제 가르치는 일은 나의 소박한 바람이겠지만, 나는 아직도 교사임에는 틀림없다. 학생을 가르치는 교사가 아니라, 평소의 태도와 성깔이 까칠한 편에 교만하고 방자하여 교사驕肆란 이름이 내게는 제격이다. 요즈음 젊은이들 사이의 '까도남'(까칠하고 도도한 남자)은 빗겨갔지만 그렇다고, 남을 선동하여 못된 일을 꾸미는 야바위꾼은 못되니 교사教唆의 자격에는 미치지 못하고, 아직은 목메어 죽을 만큼 억울한 일은 당하지 않았으니 교사絞死의 막다른 길까지 이르고 싶지는 않다.

쓰다 보니 펜 끝이 한자 풀이로 흘렀는데 이 역시, 현학적 교만이 아니겠는가. 그렇다고 서경에서 보이듯이 교만은 손해를 불러오고 겸손은 이익을 얻는다는 문장에는 동의할 수 없다. 모두에서도 언급했지만 내가 교만하지 않았더라면 어찌 한자 사범급수를 취득할 수 있었겠는가. 27년이란 국어교사 경력을 앞세운 윤똑똑이였기에 가능했는데, 어찌 이를 손해라 할 수 있겠는가. 그렇지만 영화 「그대를 사랑합니다」에서 성마른 영감 만석(이순재)을 통해 내가 보이듯이, 온화하고 남을 공경하는 것이 덕의 기본이라는 시경의 가르침에는 마냥 고개가 숙여진다.

언젠가 가수 조영남이 「강심장」(MBC)에 출연하여 겸손하기란 정말 힘들다면서 너스레 피우던 모습이 떠오른다. 그는 겸손할 일이 많아야 겸손할 것이 아니겠느냐며 사회자에게 되묻는다. 사실 맞는 말이다. 그림을 잘 그리느냐 · 노래를 잘 부르느냐 · 취미가 목공예냐 · 시인 이상을 좋아하느냐 · 그리고 여행은 · 여자는 등등의 물음에 모두 '그렇다'라고 대답해야지 '아니다' 라고 대답할 수 있겠느냐는 것이다. 견강부회일지라도 조영남의 이론을 나에게 덧입힌다면 글쓰기는 · 노래방은 · 붓글씨는 · 자료 모으기는 · 바둑은 · 한문 공부는 · 배드민턴은, 그리고 여자는, 나 역시 좋아한다고 대답할 수밖에…. 이것마저 교만이라면 할 말이 없다.

지난날 나는 학생들에게 학력 높이는 데만 올인했지, 실력을 쌓아주는 데는 소홀했다. 굳이 변명한다면 오만의 극치, 전 서울대 김인혜 교수의 도제徒弟식 훈육교육 운운하는 말로 대신하고 싶다. 신의 실수로 되돌림의 기회가 주어진다면 제자들의 머리를 채워주는 조련사가 아니라, 가슴을 뜨겁게 달궈주는 어버이와 같은 사랑의 마술사로 태어나고 싶다. 아직까지도 후회스러운 소소리바람은 보충수업비나 육성회비 등을 담임이 직접 챙겨야 했던 어두운 시절, 교장선생님으로부터 칭찬받았던 기억이 나를 부끄럽게 한다.

그런데도 나는 평소의 태도와 성깔이 까칠한 편에 교만하고 방자하여 교사驕肆란 이름이 내게는 아직도 제격이니 이를 어찌하랴.

선물

선물은 받을수록 기분이 좋다. 선물은 줄수록 기분이 더 좋다. 좋다는 의미는 받는 편이나 주는 입장이나 모두 부담스럽지 않은 경우이다. 아들이 부모님께 드리는 효성이 담긴 선물이나 할아버지가 귀여운 손주들에게 주는 사랑의 마음은 아름다운 삶의 보따리가 아니던가. 중요한 것은 그 선물의 내용에 있지 않고 그 마음에 있다. 그러나 선물이란 이름의 뇌물성 거래는 주고받는 모두에게 부담스럽다 못해 사회를 혼탁케 함으로써 언젠가는 이로 인한 피해가 도사리게 마련이다.

현직에 있을 때, 명절이 되면 직원들로부터 대부분 택배로 내게 선물이 전달되었다. 처음에는 전직원들에게 이유 여하를 막론하고 선물을 보내는 경우, 그 명단을 공개하겠다고 으름장을 놓았으나 개선되지 않고 그냥 관행으로 이어졌다. 강력히 뿌리치지 못한 것은 명단 운운하면, 이제껏 보내지 않았던 동료까지 자극하여 오히려 선물을 보내 달라는 신호로 잘못 전달될 염려도 있었고 한편, 직장 예절의 진정한 마음이라 아전인수 격으로 쉽게 생각한 탓도 숨길 수 없었다. 그러나 선물에 대한 보상은 나 자신에게 엄격하였을 뿐만 아니라 견강부회일지라도 직원들도 그렇게 이해했으리라 믿는다.

이렇듯, 대부분의 선물은 주는 상대가 있고 받는 주체가 있어 객체와 주체와의 관계에서 이루어지는 것으로 인식되고 있으나, 내가 이 기회에 진정으로 챙기고 싶은 선물은 내가 나 자신에게 주고받은 그런 선물 이야기다.

40여 년의 공직생활을 마쳤으나 1박 2일의 짧은 출장에서 돌아온 느낌이 들었던 퇴직 그 이튿날 아침, 지난 밤 술로 인해 인사불성 된 내 모습을 가족들 앞에 보였던 것이 얼마나 한심하고 부끄러웠던지. 어제 퇴직하지 않았더라면 오늘은 출근해야 할 아침이었다. 그러나 나는 이 부끄러움을 반성하기는커녕 어디론가 숨어버리고 싶었다. 뭔가 미완으로 남겼던 일들이며 술과 담배로 찌든 내 몸뚱이도 살펴볼 시간이 필요했기에 그 도피처로 병원을 택했다. 당분간 가족 이외의 외부와 일체 연락마저 끊고 싶었다.

나는 매일 술을 마시다시피 했고, 잠자리의 불면증을 술로 덧씌운 지난 세월의 아픔이 있었다. 담배는 고등학교 2학년 무렵부터 지금까지 맛있게 열심히도 물어댔다. 병원에 있는 동안의 느낌으로는 금주보다는 금연이 쉽지 않을 것 같았지만, 어쨌든 이 기회를 통해 이제까지 퇴행적이었던 생활습관을 확실히 바꾸고 싶은 강한 충동을 느꼈다. 마누라는 이 엄청난 아픔의 고통도 모르고 이번 기회에 술과 담배를 완전히 끊을 것을 요구했다. 마침, 딸 녀석이 문병 왔기에 담배만은 참기 어렵겠다고 하니, 담배는 천천히 줄이고 술부터 끊었으면 하고 내 마음을 달랜다.

퇴원하던 날, 나는 퇴직 동기들의 모임에 참석하였다. 점심 식사를 마치고 헤어질 무렵, 꿀맛 같은 담배 생각이 나를 흔들었다. 그런데 아뿔싸! 40여 명의 동기 가운데 단 한 사람도 담배를 입에 물지 않았다. 참으로 충격적이었다. 옛날 같으면 굴뚝에서 피어오르는 연기처럼 여기저기에 자옥할 텐데…. 끽연에 대한 미련 자체가 정말 부끄러웠다. 이러한 모습을 통해 내 느슨한 마음을 더욱 옥죄지 않을 수 없었다. 내가 나에게 주고받고자 하는 금주와 금연이란 위대한 선물을 위해!

선물이란, 받아서 정겹고 고마워야지 부담이 되어서는 진정한 선물일 수 없다지만, 나는 뇌물 아닌 진정한 선물을 꼭 챙기고 싶다. 세상만사는 나의 선물이라던 장자莊子의 생각과 나의 금연 · 금주가 동행한다면 더욱 좋지 않겠는가.

가족 이야기

당신은 하늘이었습니다

눈과 얼음을 뚫고 피는 복수초의 용기를 나는 흠모한다. 얼음새꽃이라고도 불리는 이 꽃이 주위에 환하게 피어날 때면 샛노란 개나리가 봄을 재촉하며, 숲속의 꿩의바람꽃과 함께 웅혼한 멋을 느끼게 한다.

나는 봄을 좋아한다. 겨우내 움츠렸던 만물이 기지개를 펴며 활력의 삶을 찾는 계절이기에 그렇다. 혹독한 동장군을 허약한 체질로는 버티기 힘들고 춘풍의 힘을 빌리고서야 비로소 가슴을 펼 수 있어 나는 봄을 사랑한다.

지금으로부터 15년 전, 30여 년 만에 고향에 돌아와 당신의 유흔이 담겨있는 집에서 순간순간을 별미로 맛본 체험이 아직도 향기롭다. 지금은 이미 작고하셨지만 나를 길러주신 어머님과 90을 바라보시는 나를 낳아주신 어머님과 함께…. 승용차로 10분 거리의 학교에 근무하면서 인생의 가을을 봄의 정기로 흠뻑 물들이는 작업이야말로 '자아실현'이란 단어로 응축한다면 지나친 표현일까.

잎새의 엽록소가 분해된 인생이지만, 싱싱한 봄을 더욱 사랑하는 까닭은 나 하나만의 욕심은 아닐 것이다. 싱싱한 젊음의 초년 시절에는 의식적으로 고향을 피했다. 교육자로서의 왕성한 의욕이 넘쳐 가르치는 즐거움에 흠뻑 빠진 탓으로 성실한 직업인으로서의 만족은 취했는지 몰라도 그때마다 무언가 나약함과 허전함을 느끼지 않을 수 없었다. 어느 한쪽이 비어 있는 듯하고 해야 될 일을 자꾸 미루어둔 게으름을 느꼈던 과거가 오늘따라 되뇌어진다.

고사리손으로 토끼풀을 뜯어 책보자기에 싸 들고 달려들었던 초가집, 돼지 밥통을 판자로 짜 맞추는 일을 당신은 무슨 기술이나 되는 양, 어린 나에게 한 수 가르쳐 주시겠다며 배워보라고 종용할 때가 어제 같다. 뭐 내가 이 촌구석에서 일해 먹고 살 텐가? 속으로 투덜대면서 웅크리고 앉아 무심히 지켜보았던 일들을 오늘에서야 비로소 느낄 수 있으니, 그 감회가 향수에 물든다.

당신은 36세란 늦은 나이에 6대 장손인 나를 맏이로 8남매를 두셨으니, 나에 대한 지극한 자식 사랑은 하늘을 닿을 듯했다. 박복한 탓으로 자식 농사마저 늦둥이라, 그것도 불효식들의 앞날에 대한 걱정과 벼랑 끝 가산의 몰락이 뼈를 아리는 고통 속에서 헤어나지 못했던 때가 바로 엊그제 같은데 헤아려보니 꽃 피는 봄이 불혹을 훨씬 넘은 것 같다. 아들 다섯에 셋은 공직으로, 하나는 사업으로, 막둥이는 의료인으로 성장했으니 얼마나 다복했으랴만 지금 생각하면 뭐가 그리 매정하게 먼 길을 황급히 재촉하셨는지….

나는 봄을 좋아한다고 했지만, 아버님 시절에는 봄이 한풍의 겨울보다 더 무서웠으리라. 춘궁기란 보릿고개를 이겨내지 못하고 초근목피로 연명하던 시절이었다. 다행히 아버님께서는 자수성가하셔 근동에서는 '방앗간 부잣집'이란 남의 부러움 속에서 한 시대를 얼마 동안은 지속할 수 있었으나, 5 · 16 군속들로부터 '농어촌부채탕감'이란 미명 아래, 사유재산을 마구잡이로 유린당하는 불운을 겪게 되셨다.

나머지 재산 백여 석으로 초가삼간 흙담집을 헐고 그 자리에 4칸 겹집을 지으셨으나, 그 후 천수답에 연 3년의 가뭄을 당할 줄이야. 가산재건을 위해 그토록 절치부심도 아랑곳없이 노구에서야 청년시절의 춘궁기를 다시 조우하게 되었으니 그 절통함으로 인하여 당신은 이순을 겨우 넘기고 운명하셨다.

내 나이 이제 당신 곁에 누워야 할 연륜이 되다 보니, 그 당시 당신의 마음을 조금이라도 헤아려 드리지 못한 후회 막급함을 어찌 무슨 말로 혀끝을 놀리겠는가. 오늘따라 최백호의 「애비」란 노래 가사가 마음에 와 닿는다. "가뭄으로 말라터진 논바닥 같은 가슴이라면, 너는 알겠지. 비바람 몰아치는 텅 빈 벌판에 홀로 선 소나무 같은 마음이구나." 어버이날을 앞두고, 나의 졸시 「당신은 하늘이었습니다」를 옮겨본다.

> 당신은 하늘이었습니다
> 할머니 · 두 어머니 · 두 작은아버지 · 자식들
> 그리고 친족과 이웃을 위해서라도
> 당신은 천 년 만 년
> 이승에
> 머물렀어야 했습니다.
> 그렇게도 웅크리고

그렇게도 단단하셨기에
남은 것은 재물이요
얻은 것은 복락이었겠지만
당신은 가진 것이 없습니다.
그러나
당신은
참으로 위대했습니다.
시방 자식들 때문에
모멸당하는
어버이들을 보노라면
당신은
자식들을 뜻대로 일구었습니다.
자아실현의
그들이기에
그쪽에서나마
편안히 지내옵소서
다시 만날 기다림으로
덩그러한
삶을 누리옵소서
당신은 하늘이었습니다.

동태후와 윤씨부인

불타가 지원정사祇園精舍에 있을 때, 비구들을 모아 다음과 같은 문답을 하였다.

> 비구들아, 여기 네 사람의 명궁名弓이 동서남북 사방을 향해 활을 당길 때, 재빠른 사내가 이 화살들이 땅에 떨어지기 전에 하나하나 붙잡아 거둔다면 그 사내는 대단한 속력을 가진 사람이라 하지 않을 수 없을 게다. 비구들아, 그렇지만 그 사람보다 훨씬 빠른 것이 있다. 日月이 하늘을 달리는 속도가 그렇고, 인간의 수명이 일월의 그것보다 더욱 빠르다.

불타는 비구들에게 이른바 '무상신속無常迅速'의 이치를 밝힘으로써 중생들에게 잠시라도 현재를 방일放逸하지 않도록 설파하였다. 이렇듯 세월의 빠름을 뉘 모르랴만, 이미 작고하신 어머님과 90을 바라보시는 어머님을 둔 자식으로서 두 어머님을 생각할 때마다 순간순간이 그립고 오늘을 붙잡아 매어두고 싶은 마음이 간절하다. 지엄하신 아버님으로부터 꾸중을 들을 때면, 곁에 어머님이 계시기만 해도 안심이 되었던 어린 시절부터 마음이 울적할 때마다 어머님과의 대화를 나누다 보면 따스한 봄날에 눈 녹듯 훈훈하니, 두 어머님의 무한한 힘은 내 마음의 안식처가 되었다.

두 어머님! 한 어머님은 14세에 아버님과 결혼하여 단 한 번의 출산도 못하신 채, 팔순이 되자마자 돌아가셨고, 아직 생존해 계시는 어머님은 맏이인 나를 비롯하여 5남 3녀를 슬하에 두셨다. 지금은 8남매가 건강한 삶을 일구고 있지만, 아버님은 자식들이 장가드는 모습은커녕, 회갑을 갓 넘긴 70년대 초에 작고하셨다. 한때는 친척은 물론, 동네 주민을 비롯한 근동에 이르기까지 아버님으로부터 경제적 혜택을 받지 않은 사람들이 없을 정도의 부농으로서 역할을 보무도 당당히 하셨지만, 돌아가실 무렵에는 병마와 기울어진 가계를 회복하지 못하고 눈을 감으셨다.

에이브러햄 링컨은 어머니라는 말만 들어도 눈물이 난다고 했다. 나를 길러주신 어머님은 내가 배냇머리도 마르기 전부터 돌아가시기 전까지 지켜주셨기에 다른 형제에 비해 나와는 특별히 정이 깊다. 그러다보니 낳아주신 어머님에 대한 나의 관심은 자연스레 소홀하지 않을 수 없었다. 그것은 내가 아니더라도 다른 형제들이 있으니 그런대로 마음을 붙이실 수도 있겠으나, 나를 길러주신 어머님은 군대생활을 제외하고는 나와 돌아가실 때까지 동고동락을 함께 하셨으니 나에게 쏟은 사랑과 기대 심리는 대단하셨다.

그러나 두 어머님의 운명은 비극적 만남이 아닐 수 없다. 두 분 사이의 관계가 우호적이지 않음을 느낄 때마다 이를 지켜보는 자식들의 마음은 참으로 아픔 이상의 고통을 감내해야만 했다. 아마 자식들의 힘으로는 해결할 수 없는 문제임을 어찌 하겠는가. 이럴 때마다 나는 "살아생전, 남과 같이 두 분이 아버님으로부터 온전한 사랑을 받지 못한 불행한 삶이었고 자식들이 있다한들 어찌 효도라 할 수 있겠습니까. 그러니 두 분 스스로 같은 아픔의 상처를 어루만지면서 오직 건강만을 살피시며 사신다면 이것이 자식들이 바라는 기쁨이 아니겠습니까."라고 설득해 보았지만 인력으로는 불가능한 잘못된 만남을 원인무효로 되돌릴 수 없는 운명의 삶이 아니던가.

우리 8남매가 두 어머님을 구분할 때, 길러주신 어머님을 큰어머님이라 하고, 낳아주신 분만을 어머님이라고 부르지 않았다. 며느리들은 물론, 매제들까지도 두 어머님을 오로지 '어머님'이라 부를 뿐, 다른 호칭은 없었다. 물론 호적에는 길러주신 어머님이 등재되어 있었다. 낳아주신 분은 동거인으로 기록되어 오다가 길러주신 어머님이 돌아가신 지 10여 년이 지난 후에야 자식들이 뜻을 모아 호적을 정정함으로써 지금은 낳아주신 어머님이 친모로 등재되어 있다. 이미 돌아가신 어머님은 지극히 인자하셨기에 살아계신 어머님이 늦게나마 친모로서의 법적 보호를 받게 되었음을 이해하여 주시리라 믿는다. 설사 자식에게 업신여김을 받아도 부모는 자식을 미워하지 못한다고 한 그리스의 시인 소포클레스의 말에 의지해 본다.

8남매가 오늘의 복된 삶을 가꾸기까지는 두 어머님의 헌신적이고 남다른 집념의 덕이 컸다. 불경스러울지라도 이 기회에 굳이 두 어머님을 비교한다면, 청국의 세도를 한 손으로 주름잡았던 서태후의 언니인 온유한 심성의 동태후東太后가 길러주신 어머님에, 밤낮 없이 베를 짜서 아들의 학업을 도왔던 김만중의 어머니 윤씨尹氏부인이 곧, 우리 형제를 낳아주신 어머님에 비유됨 직하다. 한편, 길러주신 어머님을 플라톤과 같은 이상주의에, 낳아주신 어머님은 아리스토텔레스와 같이 지극히 현실주의라 해도 무방하리라. 오늘따라 윤동주의 「별헤는 밤」이 가슴에 젖어온다.

별 하나에 사랑과
별 하나에 쓸쓸함과
별 하나에 동경과
별 하나에 시와
별 하나에 어머니, 어머니…

집토끼와 산토끼

토끼와 거북이의 이솝우화는 우리에게 꾸준히 노력하면 이길 수 있다는 교훈을 주고자 토각귀모兎角龜毛와도 같은 무모한 경기를 펼친다. 그러나 우리들의 기억 속에서 토끼는 깡충깡충 뛰면서 촐싹거리고 가벼울지라도 귀엽고 사랑스럽다.

지난날 우리 세대는 시골에서 이러한 토끼 한두 마리 정도는 키워보았다. 클로버를 입에 물고 아삭아삭 씹으며 쫑긋한 귀와 빨간 눈동자를 번뜩이는 품새는 동심의 아름다운 그림이 아닐 수 없다. 특히나, 토끼풀은 만능 장난감이었다. 오늘날같이 인공적 장난감이 전무했던 어둑한 시절에는 잎자루가 긴 것은 안경과 머리띠, 그리고 팔찌까지 만들어 놀았던 기억들이 새롭다. 그러나 이처럼 귀엽고 가슴 깊이 보듬고 싶은 토끼는 집토끼의 경우이지, 바라만 보아도 달아나버리는 산토끼는 언감생심, 그림의 떡이다. 선거철마다 노인들은 여당을 당연히 지지할 수밖에 없는 집토끼로 취급하고, 야당은 어차피 자신들을 지지해주지 않을 산토끼로 치부하는 경우도 토끼를 소재거리로 삼는다.

신경숙의 장편, 『엄마를 부탁해』는 '엄마를 잃어버린 지 일주일째다.'로 시작하여 치매장애가 있는 엄마가 토요일 오후, 서울역 지하철에서 아버지의 손을 놓쳐 행방불명이 됨으로써 갑자기 집토끼가 산토끼가 되어 버린 이야기로 시작된다. 박소녀! 그녀는 누구보다 큰 품으로 남편과 자식을 챙기고 한 해에 여섯 번의 제사를 지내며 부엌을 지킨 집토끼였다. 남편의 생일날이 바로 당신의 생일이었고 행사 때마다 모여든 도시의 자식들에게 나눠주려고 잠기름을 짜고 참깨 · 들깨를 따로 볶아 찧었고 황석어젓이며 멸치젓이며 조기젓갈들이 항아리를 가득 채워졌다.

진일 마른일 가리지 않고 온몸을 혹사시켰던 이런 엄마는 어디서나 쉽게 만날 수 있는 우리들의 보편적 삶의 마지막 식민지다. 안타깝게도 집토끼 시절에는 자식들에게 필요한 존재였겠지만, 이제는 잃어버린 시간이 오래될수록 산토끼가 되어버린 엄마와의 모든 것들이 하나둘 망각의 뒤안길로 내닫는다. 물을 마실 때, 근원을 생각하라는 음수사원飮水思源이나 귀한 과일을 원하거든 즐거이 뿌리에 물을 뿌리라고 한 인도의 성자 마하리쉬의 말이 되새김질을 한다. 혹여, 부모의 은혜를 원인무효로 돌리면서 현실의 열매 채취에만 함몰되어 황사처럼 신산했던 어린 시절을 망각한다면 바로, 이들이 중증 치매인들이 아니겠는가.

우리 어머님의 건강은 자식들에게까지 전이되어 8남매가 이렇게 잘들 지내고 있는데, 이제 구순에 이르니 간암 판정으로 수술이 어려워지자 여러 차례의 색전시술로 병원을 드나들기 시작했다. 어제의 집토끼가 돌보미가 필요한 산토끼되니 노경의 소슬함이 애려온다. 그래도 우리 어머니는 신경숙의 엄마보다 행복하다. 신경숙의 엄마는 겨우 69세라 했는데, 그 나이 때, 우리 어머니는 찌러기가 부럽지 않을 정도로 온전답을 노동으로 휩쓸고 다녔다. 한편, 신경숙 엄마는 행방불명되어 다시 볼 수 없지만, 우리 어머니는 병원이나 집에서 아직은 언제든지 만날 수 있으니 이 얼마나 다행한 일인가.

전통적인 한국의 어머니가 다 그랬듯이, 신경숙의 엄마도 라면이 처음 나왔을 때 장독의 빈 항아리에 숨겨놓고 큰오빠(형철)에게만 끓여주었다고 한다. 그래서 형제들은 라면을 입에 넣는 그를 부럽게 바라보았다고 했다. 우리 어머니도 그랬다. 쌀 한 되가 피땀 한 되였던 그때 그 시절, 아버지와 장남인 내 밥그릇은 보리와 쌀이 절반씩 섞였지만 동생들의 밥그릇은 꽁보리밥이었고 당신 밥그릇은 보리도 잘 보이지 않는 시래기죽으로 배를 채우니 얼마나 헛헛했을까. 그래도 아들 다섯 중에 나를 비롯한 둘은 중등교장으로, 하나는 영관급으로, 넷째는 자영업으로, 막둥이와 며느리는 의사로서 이웃의 부러움을 사고 있으니 자식 농사는 잘했다는 주위의 평판이다.

아버지는 내 영혼의 뿌리요, 어머니는 내 영혼의 텃밭이라는 말이 몸에 닿는다.

아내는 헤스티아와 함께

남편은 출산의 고통을 아내와 공유할 수는 없다. 그러나 화장실문화의 부부 동반자적 앉아~쏴 자세는 여러 가지 긍정적 의미가 있다. 대부분의 남자들은 다 그러하겠지만, 나도 이제까지 집의 화장실에서는 서서 소변을 본 후 무심코 뒤돌아섰다. 그 흔적을 전혀 남기지 않은 것 같은데 아내는 그 냄새를 어김없이 맡아낸다. 화장실 사용 잘하라는 말은 필수적으로 뒤따른다. 젊었을 때는 들어보지도 못했던 잔소리가 퇴직하고 힘없이 늙어가니 귀에 쩌렁쩌렁 울린다. 나폴레옹은 아내 조세핀에게 3일 후, 집에 도착하면 천연향기를 맡고 싶으니 목욕을 하지 말라고 했다는데, 내 소변 흔적도 천연향기일 텐데….

한편, 모TV 토크쇼에서 남자들도 좌변기에 앉아~쏴 하니 전립선이 좋아지더라는 말들을 주고받는다. 나 역시, 전립선 검사를 받은 적이 있어 실제로 앉아~쏴를 해보니 처음에는 어색했지만 점점 습관이 굳어지니 오히려 편안하게 느껴진다. 아내로부터 잔소리 대신 칭찬을, 그리고 잠자리에서 화장실 드나드는 횟수가 줄어드는 효과도 있다. 집집마다 현관 앞 깔개에 묻은 먼지 · 바구니에 담긴 빨랫감 · 목욕탕의 비눗물, 그리고 변기에 묻은 남자의 소변 흔적 등 특유의 냄새가 난다. 이제 둘만의 공간에서 남자의 그 냄새마저 사라졌으니 이 기회에 아내가 정성스럽게 가꾸는 화분들과 가까이 함으로써 건강 냄새에 취할 수밖에….

우리 삶의 진정한 모체는 이 대지를 뒤덮고 있는 녹색식물이다. 녹색식물이 없다면 우리는 숨 쉬지도 먹지도 못할 것이다. 식물의 잎사귀 이면마다에는 약 백만 개의 공기구멍이 있어 이를 통해 이산화탄소를 들이마시고 산소를 내뿜는다. 이 놀라운 광합성 작용을 하는 식물과 함께 있을 때 우리는 가장 행복하고 편안함을 느낄 수 있다. 그러기에, 도시는 공원으로 · 집은 정원으로 · 집안은 화분들로 가득 채워져야겠다. 나는 1993년 황정민 씨가 번역한 피터 톰킨스의『식물의 정신세계』를 오래 전에 읽었다. 이 책에 소개된 크레브백스터과학연구소의 연구결과가 흥미로웠다. 식물들의 기억을 통한 범죄 찾기와 음악, 그리고 식물의 섹스에 이르기까지 다양하게 소개되었다. 자신을 내세우지 않는 몰아일체의 경지에 이르면 식물도 우리들에게 진실을 보여줄 뿐만 아니라, 대화까지 가능하다는 실험결과에 감동받지 않을 수 없다. 작가인 엘리너 페레니가 이를 뒷받침해 주고 있다. "식물은 당신이 거기에 있는 것을 안다. 당신이 손에 칼을 들고 다가서면 아주 작은 소리로 비명을 지른다. 반면에 다정하게 말을 걸거나 기도를 해주면 일반적인 속도보다 훨씬 빠르게 자라며 당신에게 보상을 해준다."

이곳 새 아파트로 이사하기 전에는 베란다가 크고 작은 300여 개의 화분들로 식물세상이었다. 젊었을 때는 몰랐는데 아내가 나이 들면서 관엽 및 다육식물을 비롯한 다양한 종류의 푸른 생명에 관심이 지나칠 정도로 깊고 그 재배 기술도 나날이 향상되었다. 나는 보기만 할 뿐 물 한 번 제대로 주지 못한다. 식물의 특성에 따라 물의 횟수와 양을 조절해야 하는데 일률적으로 물 뿌리다가 아내에게 핀잔받기 일쑤이니 아예 눈만 껌벅거릴 수밖에…. 화분의 위치마저 손댈 수 없다. 어떤 것은 창가에 어떤 것은 거실에 그리고 방향에 따라 놓이는 위치가 다르니, 나는 공짜로 바라보는 역할뿐이다. 이웃에게까지 자랑한 것인지, 소문이 난 것인지 가끔씩 구경하기 위해 찾는 방문객들도 있다.

화분갈이와 가지치기의 아픔을 통해 건강이 유지된다는 진리마저 우리 부부에게 깨우쳐 주고 있다. 뿌리가 엉킨 것은 손가락으로 풀어주고, 흙을 갈아 새로운 환경에 적응하도록 하고, 잎이 변해가는 것은 집어냄으로써 적당한 고통은 사람이나 식물에게나 건강한 삶을 위한 필연의 과정임을 보여준다. 이토록 잘 관리할 수 있는 기술은 단 하나, 식물에 대한 사랑이었다.

이뿐이랴. 아내는 청결습관이 지나쳐 결벽증이 아닌가 할 정도다. 화장실 변기의 흔적은 말할 것도 없으려니와 방바닥은 물론, 가구 언저리의 먼지마저 그냥 지나치지 못한다. 그리고 흐트러진 꼴을 못 본다. 어떤 불청객이 불시에 들이쳐도 집안 청결만은 안심이다. 뿐만 아니라, 식사 중에 젓가락이 잘못 스쳐 그릇 가장자리에 반찬이 묻으면 바로 휴지로 닦아낸다. 무료할 때, 설거지통에 담긴 그릇을 씻어내면 남자들은 스트레스 해소에도 도움이 될 텐데 나는 그런 짓도 못한다. 아내가 싫어할 뿐만 아니라 못마땅한 표정으로 다시 설거지를 하니 그저 방관할 수밖에…. 옷장도 마찬가지다. 속옷이며 심지어 양말까지도 각을 세워 도서실의 책장 정리하듯 일목요연하다. ROTC 시절, 나는 관물정돈 잘못하여 구대원들에게까지 단체기압을 여러 차례 받게 했는데, 아내였더라면 아마 모범생으로서 표창까지 받았을 것이다. 작가 제서민 웨스트는 "남자든 여자든, 기혼이든 독신이든 집안정리는 기도를 드리는 신성한 의식과 같다."고 했다. 그리스 신화에 나오는 올림포스 12신 가운데 하나인 헤스티아는 미덕이 넘치는 가정의 수호신이다.

그러기에, 아내의 집안일은 권사로서 기도하는 신성한 마음으로 녹색세상을 위해 헤스티아와 함께 오늘을 섬기는 것이 아니겠는가.

우리 부부와 닮은 차인표 · 신애라

퇴직하면 부부 사이가 더 가까워질 것 같으나 오히려 소원해지는 경우가 많다. 주어진 상황과 평상심의 부부생활에 따라 다르겠지만, 나의 경우는 철저하게 각자의 길을 걸어가고 있다. 나이 들수록 부부 사이가 가까워질 수 있는 첩경은 같은 취향으로부터 출발한다는데….

나는 배드민턴 스톨에 갇혀 지내는데, 아내는 노년기에 가까워지면서 운동을 멀리하고 있다. 유아들은 텔레토비, 젊은이들에겐 스마트폰이라면 노년기의 눈높이엔 역시 텔레비전이 아니던가. 프로그램 중에는 「바둑 TV」가 으뜸이요, 인터넷바둑은 내 놀이터요, 독서와 글쓰기는 내 삶의 쏘시개다. 그러나 아내는 집안일을 비롯해 모든 일을 알아서 처리하는 편이긴 하지만, 오지랖이 넓은 날파람둥이다. 돈은 많은데 쓸 줄 모르는 사람이 돈 없는 사람보다 불쌍하다는 사고를 지녔다. 유태인들은 최고급 옷을 입고 비싼 레스토랑에서 온가족이 둘러앉아 몇 시간씩

웃고 떠들며 느긋하게 식사를 즐기는 것이 인생의 가장 축복이자 성공의 척도라고 한다. 아내가 가장 좋아하는 상황이다. 나는 30분 이상을 식사자리에 앉아 있으면 온몸에 고통이 스멀거린다.

그러나 분명한 사실은 부부 사이가 원만할 때 밖의 일도 잘 풀리는데, 부부싸움이나 갈등을 빚은 후에는 어김없이 크고 작은 손해를 보는 경우가 비일비재하다. 그러기에 "군자의 도는 단서가 부부에서 시작되니 그 지극함에 미쳐서는 천지에 밝게 드러난다."라고 『중용』에서 가르치고 있지 않은가. 한의 육가陸賈가 쓴 『신어』에서도 천하에 큰 공을 세우려는 자는 먼저 가정부터 다스려야 한다고 강조하고 있다.

『탈무드에서 마크 저커버그까지』(김욱 지음)에서 기술된 유태인의 모습은 곧, 내가 아닌가 할 정도로 거울에 비친 나의 모습을 보는 듯했다. 유태인의 생활은 지독하리만큼 절제되어 있어 가난할 때나 부자가 된 후에도 물건을 아끼는 습관이 몸에 배어 있다. 물건을 구입한 후에는 항상 새 것처럼 관리한다. 집안으로 들어온 물건은 닳아 없어질 때까지 쓴다. 그들은 집집마다 조상들이 사용했던 물건들을 흠 하나 없이 원형 그대로 보관한다는 것이다. 나 역시, 레간자 승용차를 15년째 굴리고 있으며, 핸드폰 011를 아직도 지키고 있다. 그리고 할머니와 어머니가 쓰셨던 제기와 밥그릇· 가마니틀의 핵심부품인 참죽나무로 만든 바디 · 삼베에 풀칠하는 솔 · 곡물의 양을 측정하는 말(五升)과 되(1리터) · 붓걸이, 그리고 앞닫이 등이 아파트 안방에서 시공을 초월하여 주인 역할을 단단히 하고 있다.

한편, 아내는 부드럽고 살갑지 않지만 아귀가 크다 보니, 갈걍갈걍한 몰골에 성질은 찰짜적이고 섬약한 나와 부딪치는 경우가 다반사다. 아무리 좋은 방향에서 생각할지라도 우리 부부는 결핍조건이 많음을 인정하지 않을 수 없다. 결핍은 크고 작은 고통을 수반한다. 그러나 우리가 살아가면서 아무리 통과제의일지라도 결핍 없는 행복은 이상 속에서나 찾아야 할 것이다. 그렇다고 고통을 피한다고 모든 문제가 해결되지 않는다. 끙끙거릴지라도 함께 짊어지고 살아가는 것이 삶이 아니던가. 그러기에 우리 사이가 티격태격할지라도 1녀 2남을 두고 백년해로를 향해 오늘도 열심히 가지치기하면서 서로가 필요한 존재로서의 노력을 다하고 있다. 담장의 장미가 왕성하게 성장하려면 가지치기가 필요하듯이 우리의 삶도 가지치기는 효소식품과도 같다. 우리 스스로 가지치기를 해주지 않으면 태풍이나 홍수 등의 큰 재앙을 이겨낼 수 없다. 언젠가 모 방송에서 실시한 부부대학 고도원 이사장의 '부부학' 강의를 재밌게 들었다.

부부란 '**오고서**'를 잘해야 한다고 했다. '**오**'는 오리처럼 흙탕물에 머리를 박았다가도 툭툭 털고 맑은 모습으로 고개를 내밀 줄 알아야 한다. 어제까지 다투었으나 아침이 되면 언제 그랬냐는 식으로 잊어야 한다. '**고**'는 고래를 작살로 내리꽂은 후, 바로 끌어올리면 배가 뒤집힐 수 있으니 벼릿줄을 꽉 붙들고 고래가 힘이 빠질 때까지 기다린 후 잡아 올려야 한다. 이렇듯 부부의 끈을 비끄러매고 얼마간의 자유와 여유를 주면서 지켜볼 수 있는 인내가 필요하다. '**서**'는 서커스처럼 위에서 손을 놓으면 아래서는 받아준다는 믿음에서 몸을 날리듯, 부부간에도 굳건한 믿음이 있어야 한다는 것이다. 이 내용을 한마디로 표현한다면 역시, 부부애의 힘이리라.

요즈음 존경받는 젊은 배우가 흔치 않은 세상에 차인표와 신애라는 잉꼬부부로 널리 알려져 있다. 봉사활동은 기본이고 아프리카 어린이

돕기와 지체아를 입양하는 등의 생활선이 남다르게 올올하다. 모 일간지에 강용혁 한의사가 이들 부부의 성향과 체질을 분석하였는데 마치 우리 부부 이야기 같아 흥미롭게 읽었다. 사상의학적 차원에서 차인표는 태음인으로서 밖으로 내놓기보다는 끌어 모으는 형이라 자신의 마음을 드러내지 않고 숨기는 경향이 있는 내수內守를, 신애라는 소양인으로서 주로 폭발하며 타오르는 성격의 외승外勝으로 구분하였다. 그러기에 차인표는 여행을 좋아하지 않으며 동네에서 산책 정도를, 집에서 가족과 함께 상추쌈을 즐기며 비교적 낯가림이 심하고 돌아다니는 것을 싫어한다. 반면에 신애라는 밖에서 사람 만나는 것이 최고의 즐거움이라고 한다. 마치 여행보다는 산책을 즐기는 칸트가 차인표라면, 여행을 즐기는 데카르트가 신애라에 비유된다. 그러고 보니 차인표는 나를, 신애라는 아내를 꼭 닮았다.

조개와 소라의 껍데기는 딱딱하지만 속은 부드럽다. 수박과 참외도 마찬가지다. 그러나 물고기는 겉은 부드럽지만 속엔 날카로운 뼈가 있다. 딱딱함과 부드러움은 서로 반대되는 성질이지만 하나의 개체 속에 반드시 1:1로 공존하고 있다. 이처럼 한쪽은 외강내유, 상대는 내강외유일지라도 씨암탉 잡듯 알콩달콩 살아가는 것이 부부가 아니겠는가.

약속

날아라 새들아 푸른 하늘을
달려라 냇물아 푸른 벌판을
오월은 푸르구나. 우리들은 자란다.
오늘은 어린이날 우리들 세상.

어린이날은 우리들의 잔치요, 우리들만의 세상인 줄 알았는데 어느덧 할아버지가 되어버렸으니 무슨 잠꼬대 같은 소리냐고 히죽거릴지라도 윤석중 선생의 「어린이날 노래」는 듣기만 해도 풋풋하다. 어린이날을 맞아 손자 녀석에게 옷 한 벌 사줄까 하고 '전주마트'에 들렀다.

지금은 전주 효자동 홈플러스가 입점하여 문 닫았지만 '전주마트'는 그 당시엔 이 근처의 랜드마크였다. 마침 어린이날이라 하여 고객 봉사 차원에서 어린이 무료 기념사진과 함께 병아리 한 마리를 나누어 주었다. 병아리 한 마리를 받아든 녀석의 즐거워하는 모습은 병아리 모습 그대로였다. 그런데 한 마리는 너무 외로울 것 같아 염치없이 한 마리를 더 요구하여 두 마리가 되었다. 집에 돌아오자마자 녀석은 병아리와 쫓고 쫓기는 숨바꼭질이 시작되었다. 이를 지켜보는 가족들은 또래놀이에 흠뻑 젖은 거실이 비좁게만 느껴졌다. 그러나 먼저 지친 쪽은 그 녀석이었다. 지친 것인지 싫증을 느낀 탓인지 눈꺼풀이 무겁게 보이더니 그만 잠에 빠지고 만다. 아직 낯설음이 가시지 않은 듯 병아리는 놀란 모습을 떨치지 못하고 주는 먹이도 아랑곳하지 않고 삐악삐악 소리만 내지른다.

저녁식사를 마치고 떠날 시간이 되자 이 녀석은 병아리를 찾는다. 나는 증조할머님께서 내일 시골에 가시니 할머님께 키워달라고 하면 어떻겠느냐고 넌지시 제안했다. 생각보다 쉽게 내 뜻을 따른다. 어머님은 고마움의 표시로 녀석의 볼을 비비며, "우리 얘기가 시골에 올 때는 어미닭이 될 수 있도록 잘 키워야지!" 하시면서 녀석과 새끼손가락을 걸어 굳게 약속하신다.

그로부터 한 달 보름 후의 일이었다. 고향에 들르니 어머님은 민속박물관에서나 찾아볼 수 있는 낡은 꽈리에 병아리 두 마리를 가둬두시고 재미가 쏠쏠한지 마냥 대견해 하신다. 만일 그 녀석에게 그냥 맡겨졌더라면 아파트에서 며칠이나 견딜지, 나의 번뜩였던 제안이 참 잘했다는 생각이 들었다. 하기야 지난날에는 노란 병아리를 시골 고샅에서 쉽게 볼 수 있었으나 지금은 언감생심이다. 일주일 후 다시 고향을 찾았다. 벌써 꽈리의 구속에서 벗어나 마당을 쇠양배양 헤집으며 제법 어미닭 흉내를 내는 분망한 모습이 동심을 자극한다. 어머님이 밭에서 돌아오시면 두 마리가 쪼르르 따르는 모양에서 농촌의 아름다움을 다시 맛볼 수 있었다.

그런데 이게 웬일인가. 다음날, 병아리가 갑자기 보이지 않는다. 혹여 어머님은 알고 계실 것이라 막연한 기대로 자위해 보지만, 예감이 좋지 않았다. 마실에서 돌아오신 어머님께 여쭈니 "글씨 말이다. 내가 오면 삐아리가 소리를 하는디." 하시며 집안을 한 바퀴 도신다. 그러나 병아리 두 마리는 약속이라도 한 듯 모두 나타나지 않았다. 혹여 이웃집 개에게 물렸을까, 아니면 고양이들에게 쫓겼을까 잡다한 생각들이 꼬리를 잇는다. 손자 녀석의 얼굴이 떠오른다. 그 녀석이 이만큼이나 자란 병아리를 보았다면 얼마나 좋아할까를 생각하니 가슴이 더욱 조여든다. 어머님은 나에게 잊어버리라며 잠자리를 청하신다.

아침 식사를 마치고 설거지를 하는데 뒤란에서 삐악삐악 소리가 들리는 것이 아닌가. 나 혼자만이 들었다면 환청이라 했을 텐데 어머님도 들으셨다는 것이다. 얼마 후, 뒷집 아주머니가 병아리 한 마리를 안고 방문을 연다. 이산가족 만남의 기쁨이 이보다 더하랴. 덥석 품에 안고 병아리 대가리를 쓰다듬으니 내 마음을 읽은 듯 눈꺼풀을 깜박거린다. 사연이 궁금했으나 벽창호일 테고. 오늘은 왠지 다른 한 마리도 찾을 수 있을 것이란 기대가 스멀거린다. 또 하루가 지났다.

내일은 정읍 장날이니 잃어버린 크기의 병아리 한 마리 사올 생각을 곱씹고 있으려니 또 거짓말 같은 일이 벌어졌다. 주방에서 들려오는 삐악삐악 소리가 잇달아 두어 번 들리는 것이 아닌가. 너무나 반가워 어머님을 불렀다. 바로 그때였다. 싱크대 밑에서 새어나오는 소리였다. 벽과 싱크대 사이로 들어간 모양인데 손을 넣어도 잡히지 않는다. 궁여지책으로 밥덩이를 보이며 달래니 이틀 동안의 굶주린 탓인지 순순히 빠져나온다. 아마 개나 고양이들에게 쫓겨 이 지경이 된 모양이다.

이제는 절대 놓치지 않겠다는 생각으로 다시 꽈리에 넣었다. 조금 자라고 보니 다행히도 수탉과 암탉이었다. 사람 같았다면 재회의 눈물을 흘리며 반가웠겠지만 먼저 찾은 병아리는 모이만 찾을 뿐, 무심하기 그지없다. 하기야 밤이 되면 서로가 포옹하고 사랑하면서 무럭무럭 자라겠지. 어머님이 굳게 약속한 대로 어미닭 되어 손자 녀석을 기쁘게 할 그날을 위해…

약속은 아름답다. 아름다운 이야기가 있다는 것만으로도 우리의 삶은 즐겁지 아니한가.

만남

우리는 만남을 통해서 희로애락과 함께 삶의 길을 찾는다. 만남은 사람과의 만남, 자연과의 만남, 그리고 예술과의 만남 등, 이루 헤아릴 수 없다. 물론, 좋은 만남과 찜찜한 만남도 있겠지만 만남이 시작이라면 떠남도 또 다른 시작이 되어 만남으로 다시 돌아온다. 그러기에 이왕 만날 바에야 향기롭고 비타민과 같은 좋은 만남이 이루어질 때, 우리는 행복한 포만감을 느낄 수 있다.

누구나가 다 그러하겠지만, 나는 부모님을 비롯한 지금의 가족을 만났고, 10여 년 전의 젖먹이 손주들을 만났는데, 요즈음엔 이들과의 인생 수업이 내 생활의 전부라 해도 과언이 아니다. 지난날 아들·딸이 둥지를 떠남으로써 허전했던 마음은 다음 시대의 마룻줄이 될 손주들과의 새로운 만남을 통해 노년의 홍복으로 채워지고 있다. 손주 없는 노인과 할아버지 없는 어린아이는 이 세상에서 가장 불쌍하다는 말이 헛되지 않은 것 같다.

V.위고는 『레미제라블』에서, 아들을 사랑하지 않는 아버지는 있을 수 있으나 손주를 죽도록 사랑하지 않는 할아버지는 없다고 했다. 그래서 그럴까. 자식의 실수를 용서하는 데는 많은 시간이 필요하겠지만, 손자들의 실수는 귀여움 되어 사랑으로 빛난다.

방학 때는 말할 것도 없고, 주말마다 가끔씩 이들이 찾아오면 거미줄 같은 퀴퀴한 냄새가 금세 삶의 향기로 방안에 넘친다. 곧, 방학이 되면 이 귀염둥이들이 무조건 들이닥칠 것이다. 10여 년 전만 해도 이들은 존재마저 없었는데 세월이 빠르다고 한들 10년 사이에 이렇듯 사람 사는 활력을 새롭게 내쏟고 있으니 새로운 기운을 다시 얻은 듯하다.

그런데 마냥 좋아만 할 일도 아닌 것 같다. 앞으로 이들이 청소년으로 성장하면, 건강한 삶의 초석을 다질 수 있도록 잘 도와야 할 텐데, 요즈음 가정교육이 옛날 같지 않기에 걱정되지 않을 수 없다. 이들에게 필요한 교육비도 만만찮겠지만, 청소년으로서의 다양한 생각과 행동을 교과서적 사고의 통제로는 불가능하기 때문에 더욱 지도의 어려움이 많을 것이다.

학교 현장에서는 일부의 학생들일지라도 학생인권과 체벌 없는 매력에 푹 빠져 부모가 자녀를, 교사가 제자를 제대로 지도하기 힘든 상황이 빠르게 무섭게 다가왔다는 현실이다. 더군다나, 부모의 이혼 등으로 인한 결손가정이 증가함으로써 가정에서부터 벼릿줄을 놓치다 보니 청소년들의 비행도 증폭될 수밖에….

이처럼 어지러운 사회 상황 속에서 우리 손자들만 올곧은 성장을 기대한다는 것은 지나친 사치가 아닐까. 부디, 가정에서부터 바른 생활태도를 익혀 친구들과는 겸손과 양보하는 자세를, 부모님과 선생님께는 공경심으로 가득한 마음과의 만남이 이루어지기를 진정으로 바라고 싶다.

공자는 아들을 직접 가르치지 않았다고 한다. 오히려 자녀들을 다른 선생에게 배우게 했으며, 아이가 공부하는 자세를 바르게 유지하고 있는지 살펴보는 선에서 그쳤다. 아버지가 자녀를 직접 지도하면 서로의 감정이 상하고 그렇게 되면 서로를 신뢰하고 존중하는 관계가 이루어지지 못하기 때문이다.

한편, 한 연구결과에 의하면 부모가 자녀를 직접 가르치기보다 할아버지나 할머니를 통한 격대교육隔對敎育이 효과적이라는 것이다. 할아버지나 할머니의 인성 교육을 통해 인생 스승으로서의 멘토 역할을 다한다면 시대정신에는 뒤질지라도 얻는 것도 많을 것이다.

어제는 폐품이 다 된 컴퓨터가 인터넷마저 먹통되어 말이 없다. 망설일 것도 없이 나는 22인치 모니터를 비롯한 최신식의 본체를 구입하였다. 방학하자마자, 할아버지! 하고 달려들면 이제 큰 소리칠 수 있을 것 같다. 컴퓨터나 스마트폰보다 이들에게 더 즐거운 만남은 없을 테니까….

버리고 가는 길

석기시대

인류문화사에서 가장 초기인 석기시대는 뗀석기의 구석기와 간석[磨製]기에 해당하는 신석기로 구분된다. J.모르강은 구석기와 신석기의 중간인 중석기시대를 설정하였으나, 어쨌든 석기시대는 『구약성서』 창세기편에서 보듯 에덴동산에서 쫓겨난 아담과 하와의 실낙원 시대로부터 출발하여 참삶의 인류문화를 개척한 선사시대인 것만은 틀림없다. 제2의 아담인 그리스도가 탄생하여 그 원죄를 속죄코자 생명까지 바쳤으나 혈육 · 동족 · 국가 · 종교 간의 핏물이 아직까지도 멈추지 않고 있어 참으로 안타깝지만, 그래도 지구는 태양 주위를 돌듯 우리의 삶도 늙으면 원초적 세계로 다시 돌아가야 하는 것이 자연의 섭리가 아니겠는가.

나 역시, 원초적 석기시대로 돌아가야 할 노년기에 성큼 들어섰다. 오늘날 디지털노마드 시대까지 살아오면서 비교적 공직자로서의 안정적인 삶을 살아왔기에 먹거리에는 부족함이 없었다지만, 황혼녘의 영혼은 옛 정취가 그립기만 하다. 롱테일 법칙에 파묻힌 삶 속에서 그렇게도 모질게 내 자신을 옥죄었던 지난날을 이제 비움의 자루에 넣어야 할 때가 돌아온 것이다. 하늘에 보이는 천체 중 유독 달이 시인 묵객의 사랑을 받고 시와 노래의 대상이 되는 것은 찼다가 기우는 달의 무상함 때문이 아니겠는가.

노자는 배운다는 것은 날로 더하는 것이요, 날로 덜어냄은 無爲(인위가 없는)에 이르는 길이며, 이 비움의 철학을 한마디로 도道라 했다. 천양지차天壤之差라는 말이 시사하듯, 하늘과 땅은 그 거리가 무한히 멀고 차이가 많다. 그런데도 하늘과 땅은 서로 맞닿아 있으면서 공간적 이질감 없이 서로 조화를 이루고 있다. 주역에서는 하늘을 건乾이라 하여 양으로, 땅을 곤坤이라 하여 음으로 표현함으로써 음양의 조화를 통해 만물이 생성된다고 했다. 계곡 역시, 낮고 고요하며 그 가운데는 비어 있다. 낮은 계곡에서 물이 흘러 벌판을 적시고 강물을 이루어 바다로 흘러간다. 계곡의 신 현빈玄牝은 천지만물을 소생케 하는 수원지가 되니 가히 천지의 뿌리라 하겠다. 하늘과 땅 사이, 그리고 계곡은 비어 있는 공간이 있기에 천체의 운행이 가능하다. 『도덕경』 제6장에서도 '곡신불사谷神不死'라는 말이 나온다. 골짜기는 마치 도의 빔[虛]과 같이 항상 비어 있기 때문에 道를 상징한다고 했다. 집의 방안이나 그릇 역시, 비어 있으니 쓸모가 있지 않은가. 그러기에 노년기의 비움은 곧, 또 다른 채움의 시작이다. 부처님은 참으로 아무 것도 없는 허공 속에서 아주 묘함이 있다[眞空妙有]고 했으며, 노자는 비움의 덕을 가장 큰 덕[孔德之容]이라 했다.

『장자莊子』의 「소요편」에 다음과 같은 이야기가 전한다. 배로 강을 건널 때 빈 배가 떠내려 와서 자기 배에 부딪치면 아무리 성급한 사람일지라도 화를 내지 않는다. 그러나 그 배에 사람이 타고 있었다면 먼저 화부터 낸다. 빈 배는 목적지가 없다. 어딘가 도달하기 위한 보행이 아니다. 바로 소요유逍遙游이다. 삶이 어떤 목적의 수단일 수 없고 그 자체로서 최고의 가치가 있듯이, 짐을 싣지 않은 빈 배는 자유의지를 극대화할 수 있다. 그러기에 빈 것은 채움의 시작이요, 다시 채우면 또 비우는 순환이 계속되는 과정 속에서 역시, 빈 상태가 삶의 최고의 경지가 아니겠는가.

이렇듯 앞에서의 석기石器시대는 자연과 함께 원초적 삶의 의미를 생각했다면, 이 글의 제호인 석기시대는 지금껏 모으고 옭아매기만 했던 것을 풀어놓아[釋] 버림[棄]으로써 헛장이 아닌 절대적 비움을 다지는 뜻의 석기釋棄라 해도 좋을 듯싶다. 철哲자는 구멍 혹은 입 위에 돋은 풀을 손과 도끼로 자르는 형상이다. 구멍을 덮은 풀들을 잘라냄으로써 구멍은 환[明]해질 것이다. 철학哲學은 그래서 밝음을 추구하는 학문으로 플라톤의 동굴 비유의 생각과 유사하다고 할 수 있을 것이다. 일일청한일일선一日淸閑一日仙이라. 오늘 하루를 맑고 한가롭게 살았다면 오늘 하루 신선이 된 것이나 다름없다고 『명심보감』에서는 가르치고 있고, 욕심을 버리고 성공에 대한 집착을 버리면 오히려 성공은 성큼 다가온다는 무사성사無私成私란 교훈을 『도덕경』에서도 강조하고 있다. 혜민 스님도 무소유는 아무 것도 소유하지 않는다는 의미가 아니라, 이미 가진 것에 대하여 집착하지 않는다는 의미라고 했다.

요즈음 한류의 열풍을 몰고 다니는 아이돌이나 싸이의 노래가사는 비교육적일지라도 허리 아래의 섹시한 율동으로 청중들을 매료시킨다.

그러나 2003년 제17집에 수록된 가수 나훈아의 「공空」은 가사 자체가 삶이요, 철학이요, 버림의 의미가 담긴 음유의 시로써 가슴으로 불러지는 노래다.

> ~ 잠시 머물다 가는 세상/ 백 년도 힘든 것을/ 천 년을 살 것처럼/ 살다보면 알게 돼/ 버린다는 의미를/ 내가 가진 것들이/ 모두 부질없다는 것을 ~

언젠가 SBS스페셜에서 잡동사니 수집에 집착하는 사람들을 소개했다. 활용 가치의 유무를 떠나 무려 50t이 넘는 쓰레기 더미 속의 집 안에서 살고 있었다. 저장貯藏강박증세의 호더hoarder인 이들에게도 언젠가는 석기釋棄시대가 다가올 날도 머지 않았으리라.

아름다운 귀향

아름다운 귀향을 사자성어로 표현하면 의금귀향 혹은 금의환향이라 한다. 성공하여 고향으로 돌아간다는 뜻이니 얼마나 아름다운 의미인가. 그러나 우리의 역사는 그렇게 밝지만은 않았다.

1927년 정묘호란과 9년 후의 병자호란을 거치면서 서북변방에 거주했던 많은 여인들은 오랑캐들의 동물적 탐욕에 유린당하거나 강제로 이끌려 고향을 등져야만 했다. 그러다가 천신만고 끝에 부모형제와 시댁이 있는 고향에 돌아오니 자연스럽게 붙여진 이름은 환향녀還鄕女였다. 그러나 조강지처로서의 위로와 사랑을 받기는커녕, 남편은 이미 첩을 들여 딴살림을 차리고 치욕의 역사에 안주하고 있었다. 할 수 없이 이들은 몸을 팔아 생명을 구걸하는 '화냥년'이 될 수밖에…. 13세기부터 18세기까지 세계 최고의 가문은 칭기즈칸 가문이라고 한다. 칭기즈칸은 포로가 되었다 돌아온 처를 받아들여 형제 중 가장 용맹한 영웅 조치를 낳았다. 후한 광무제의 명신 송홍宋弘 역시 공주가 유혹해도 조강지처를 버리지 않았다.

한편, 일제강점기 일본군의 위안부로 끌려간 소녀들, 처음 공론화 당시만 해도 234명이 이제는 58명만 생존하고 있다니, 이들의 하루하루가 조마조마하다. 일본과 함께 2차 세계대전 가해국인 독일은 60년이 지난 뒤 피해 대상국에게 통 크게 사죄하고 배상책임을 졌기에 세계경제가 휘청거릴 때도 경제강국으로서 면모를 과시하고 있지 않은가. 그러나 일본은 위안부 문제등 당연히 결자해지해야 함에도 아직도 강권침탈의 잠에서 깨어날 줄을 모르고 있다. 황당한 일은 지난 2013년 3월, 위안부 피해자를 매춘부라고 모독한 일본 극우 록밴드 '사쿠라란부류'를 명예훼손과 협박 등으로 검찰에 고소해야 했던 할머니들의 눈물이 아직도 마를 줄 모르고 있다.

『조선왕조실록』에 등장하는 사람들 중, 여자는 과연 몇 명이나 되는가. 사대부들의 온갖 잡사는 미주알고주알 기록되어도 서민들의 삶과 죽음에 대해서는 거의 기록되지 않는다. 이것이 역사란 이름으로 후세에 남겨진다. 이는 서민들과 여인들의 목숨을 얼마나 가볍게 취급했는지를 반증하는 잔혹사가 아니겠는가.

사람의 준말은 '삶'이다. 씨줄과 날줄로 비단이 짜여지듯, 고통과 기쁨이 어울려 삶의 이야기가 만들어진다. 신영복 교수는 삶이란 수많은 처음을 만들어가는 끊임없는 시작이라 했다. 등산에서 정상에 오르기만을 중시하는 등정登頂주의보다 어려운 길을 골라 산을 오르는 과정에 무게를 둔 등로登路주의가 오히려 값진 삶임에도, 우리는 과정보다는 목표(결과)에만 희로애락을 묶으려 한다. 집을 지을 때 주춧돌이 가정 먼저 놓이고 그 위에 기둥 · 들보 · 서까래가 올라가고 나중에야 지붕이 씌워지지만 우리는 지붕만을 바라보며 처음 시작인 주춧돌은 아예 잊고 살아간다.

아름다운 귀향은 또 다른 아름다운 삶의 시작이다. 최적의 생존환경을 제공받은 모태의 고향으로 돌아가는 것이 아니라, 영혼의 본향인 흙으로 돌아가는 것이다. 『도덕경』 제1장에서 만물은 자라나지만 결국 그 뿌리로 다시 돌아간다는 反의 변함없는 실체 곧, 영원한 본체를 道라고 했다. 이는 단순히 과거를 재현화 하는 플라톤적 회귀가 아니다. 예수가 십자가에서 운명하기 전, '엘리 엘리 라마 사박 다니'라고 울부짖었던 것도 하나님 품으로 돌아가고자 했던 열망이었듯이…. 그러기에 모든 생명체에 관한 하나의 진실은 언젠가는 죽는다는 것이다. 어느 날, 모임에서 입담 좋은 친구가 너스레를 떤다.

> 똑똑한 여자는 예쁜 여자 못 당하고, 예쁜 여자는 시집 잘 간 여자 못 당하고, 시집 잘 간 여자는 자식 잘 둔 여자 못 당하고, 자식 잘 둔 여자는 건강한 여자 못 당하고, 건강한 여자는 세월을 못 당한다.

그렇다. 1%의 갑부든 99%의 빈자든 죽음 앞에서는 평등하다. 그러나 역사적 존재의 환향녀나 위안부 할머니들은 비록, 고난 속에서 살아왔을지라도 크레바스와 같은 신산했던 세월을 극복하였기에 아름다움으로 투영되어 지금은 영원한 삶을 살아가고 있다. 이 시대의 아이콘이 애플이라면, 영원한 생명의 아이콘은 바로 이들과 같은 역사적 인물들이다. 현대 물질문명의 최대 수혜자인 우리들은 뜬구름 한 조각 속에서 허깨비 같은 오늘만을 계산하고 있을지라도….

그리스도는 현세의 삶은 가치가 없으며, 참된 삶은 천국에서 찾아야 한다고 했다. 마크 트레인의 소설 『아담과 이브의 일기』에서 '인생의 다섯 가지 선물'이 소개된다. 명예 · 사랑 · 부 · 쾌락은 일시적 덧없는 위장물에 불과하고 가장 값진 선물은 새롭게 시작하는 죽음이라고 덧붙였다. 그러기에 죽음보다 더 무서운 노경의 무자비한 곤욕에서 벗어나는 길은 곧, 한없이 편안한 아름다운 귀향이 아니겠는가.

나 하늘로 돌아가리라
새벽빛 와 닿으면 스러지는
이슬 더불어 손에 손잡고

나 하늘로 돌아가리라
노을빛 함께 단둘이서
기슭에서 놀다가 구름 손짓하면

나 하늘로 돌아가리라
아름다운 이 세상 소풍 끝내는 날
가서, 아름다웠더라고 말하리라.

— 천상병의 「귀천」(1979)에서

이승보다 더 좋은 세상

지상낙원이라는 무릉도원은 아름답고 살기 좋은 곳이 아니다. 탈혼망아脫魂忘我의 경지일 뿐이다. 아무리 잘 그렸다는 화폭 속의 소나무도 진세의 장송보다 더 우람하고 아우라가 넘칠 수는 없다. 천국이나 열반의 세계보다 더 좋은 세상은 이 사바세계요, 상춘곡의 불그스레한 먼지가 일렁이는 티끌[紅塵] 속의 살아 있는 삶이다. 종교의 힘이 가장 미약하다는 덴마크와 스웨덴 같은 스칸디나비아 국가들은 세계 최고의 복지와 가장 행복한 세상을 일구고 있다. 그렇다고 그들이 죽으면 다 지옥에 갈 생명들인가. 육신이 없는 별천지를 우리는 경험할 수 없기에 즐겁고 행복한 영혼은 육신이 있는 곳에 머물 수밖에…. 그러기에, 이 좋은 세상에서는 기독교의 사랑과 유교의 인, 그리고 불교의 자비 등의 플라시보의 효과는 물론, 살아 있는 영혼을 맑게 해주는 비타민과 같은 음식일 뿐이다.

모든 존재는 양면성이 있듯이, 이 좋은 세상도 밝음과 어둠이 있다. 어둠 속을 헤집다 스스로 목숨을 끊는 생명은 안타깝지만 결국, 삶이란 완만한 자살이 아니던가. 그래도 사후의 세계보다는 이목구비가 활동하는 지금이 가장 좋은 세상이다. 뽀빠이 이상룡이 한 TV 오락프로에서 익살을 떤다. 어제 죽은 백억 부자가 오늘은 라면도 못 먹는데, 나는 라면에다 밥 한 숟갈 그리고 소주 한 잔까지 곁들일 수 있으니 얼마나 행복한가. 그러고보니 욕심이 생긴다. 짜증나게 하는 부도덕한 우리 주위의 무리들을 쾌도난마처럼 말끔하게 정리한다면 이 세상이 바로 무릉도원이요, 아르카디아요, 유토피아가 아니겠는가.

그러나 삶은 불확실하나 죽음은 확실하다. 『달팽이가 느려도 늦지 않다』의 저자인 비구니 정목스님은 죽음은, 삶의 마지막 통과의례에 불과하다고 했다. 이처럼 당당한 죽음을 맞기 위해 뜻있는 사람들은 일부 선진국에서 시행 중인 '생전유서living wil'를 여유롭게 준비하고 이에 걸맞게 행동한다. 요즈음은 디지털 기기를 이용하여 생전 모습을 기록이나 영상으로 담기도 한다. 대체로 사람들은 어느 모임에서 발언할 기회가 있으면 그 내용을 미리 준비할 줄 알지만 막상 죽음에 대비해서는 나와는 무관한 것처럼 태연자약한 모습들이다. 나 역시, 나이가 들다보니 최근에서야 명사들의 유언에 대해 많은 관심을 가지게 되었다. 최고의 교정을 거친 대통령의 연설문보다 겨우 글을 깨우쳐 삐뚤삐뚤 써내려간 할머니의 편지에서 우리는 더 많은 감동을 받는다. 그 이유는 진솔함이 담겨 있기 때문이다. 할머니의 편지보다 더 맑은 영혼은 아무리 사악한 자라 할지라도 숨을 거두는 마지막 순간의 진액이리라.

▶ 소크라테스는 독배를 마시고 온몸에 독기가 퍼지자 제자 크리톤에게 '글리피오스에게 닭 한 마리의 빚이 있는데 그것을 잊지 말고 꼭 갚아주게나.'

▶ 11세기 페르시아의 달관시인 오마르 카이얌은 '나는 물처럼 왔다가 바람처럼 가누나!'

▶ 매죽헌 성삼문은 형장으로 끌려가면서 태연자약하게 주위 사람들을 둘러보면서 '그대들은 새 임금을 도와 천하를 태평케 하라. 나는 옛 임금을 뵈러 지하로 간다.'

▶ 김삿갓炳淵은 '아! 어머니' 하고 눈을 감았다.

▶ 사상의학의 거장 이제마의 스승 산운거사는 제자에게 '스스로 깨우치라'는 말을 남겼다.

▶ 32세에 순국한 안중근 의사는 '국권이 회복되거든 고국에 뼈를 묻어 달라'고 부탁했지만 유해 발굴마저 오리무중이다.

▶ 톨스토이는 '죽음을 기억하라. 그리고 겸손하라.'

▶ 영원한 누나 유관순 독립지사는 최후의 진술에서 '나라에 바칠 목숨이 오직 하나밖에 없는 것만이 이 소녀의 유일한 슬픔입니다.'

▶ 고당 조만식 선생은 '내가 죽거든 묘비에 아무 것도 쓰지 말고 두 눈만 새겨두어라. 한 눈으로는 왜놈이 망하는 것을 보아야겠고, 다른 한 눈으로는 조선이 독립하는 것을 보기 위함이다.'

▶ 조지 버나드 쇼의 묘비명에는 '우물쭈물하다가 내 이럴 줄 알았어!'

▶ 세계 영화사에 족적을 남긴 일본 감독 오즈 야스지로小津安二郎는 묘비에 '무無'라고 단순하게 표현했다.

▶ 한국의 피카소로 알려진 중광스님은 '괜히 왔다 간다.'

▸ 김수환 추기경은 '감사합니다. 사랑 많이 받고 갑니다. 서로 화해하고 사랑하십시오.'

▸ 아름다운 청년 전태일은 '인간은 기계가 아니다. 내 죽음을 헛되이 하지 마라!'라고 외치며 목숨을 끊었다.

▸ 성철 스님은 '나 인제 갈란다. 내 할 일은 다했다. 참선 잘하라.'

▸ 박태준 포스코 명예회장은 가족들에게 '고생시켜 미안하다. 화목하게 지내라.'

▸ 천상병 시인은 「귀천歸天」에서, '아름다운 이 세상 소풍 끝나는 날, 가서 아름다웠다고 말하리라.'

▸ 방송인 최윤희 행복전도사는 동반 자살한 남편에게 '평생을 진실했고 성실했던 최고의 남편, 정말 미안하고 고마워요.'

▸ 김근태 전 의원의 묘비명에 '나는 정직과 진실에 이르는 길을 국민과 함께 가고 싶다.'

▸ 차베스 베네수엘라 대통령은 '제발 죽지 않게 해 달라'며 마지막까지 살고 싶다는 의지를 보였다고 한다.

▸ 팝의 여왕 휘트니 휴스턴은 그의 최대 히트곡명인 「언제까지나 당신을 사랑할 거예요」를 묘비명으로 남겼다.

다음은 살아있는 생명이 이 좋은 세상을 떠날 때, 남기고 싶은 생전유서들이다.

▸ 48년 동안 김대중 곁을 지켰던 권노갑 전 의원의 17자 묘비명은 '김대중 대통령의 영원한 비서실장 권노갑'.

▸ 방송인 김미화 씨가 준비한 묘비명은 '웃기고 자빠졌네!'

▸ 가천길재단의 설립이사장 이길녀 여사는 재단의 설립이념을 묘비명에 새기고 싶다고 했다. '박애 · 봉사 · 애국을 철저히 지키고 간 사람!'

▸ 박원순 서울시장은 '아빠가 아무런 유산을 남기지 못하는 것을 오히려 큰 유산으로 생각해 주었으면 좋겠다.'

나도 준비해 두었다.

▸ '이 좋은 세상, 떠나는구나! 이승보다 더 좋은 세상, 없다는데….'

권두단상(卷頭斷想)

와우 뜨락에서

푸른 바다에 그림을 그린다
뒤에는 소가 누운 와우산이 버티고
앞에는 농심의 손길이
누르스름하게 익어가는 벼이삭에
사랑의 열매를 새긴다.

우리 학습터의 아름다움은 하나님 선택이거늘
어찌 시샘하여
인간의 생각으로 이러니 저리니 말을 놓으리
그 안에 내일을 수놓을 선남선녀들이
와우 와우 와우 와우…

이들에게 힘 싣는 교육잡이는
작은 미소로 즐거움을 담는다
이렇게 좋은 모양으로 다듬고 색칠하는

우리 가족들을 또 다른 샘터에서
다시 설계할 수 있으리라는 어리석음이 부끄럽다

운무에 덧입힌 바다 아래는
해밀로 가득한 우리들의 꿈이
높고 낮은 숲이 되어
울울한 그림을 챙긴다
참삶의 모양을 설계한다.

— 칠보중, 『古縣』 제6호(2005) 권두시

느티나무

우리들의 기억은
뜨거운 가슴이 뛰는 곳
그곳에서 배움으로 얻은
열매들을 하나에 모아
느티나무에 둥우리를 짓는다.

새로움과 비판, 그리고 미래의 눈은
경험의 샘으로부터 솟는다
이 소중함을
영원이란 텃밭에 심고자
글을 쓰고 읽고 생각들을 찾는다
지극히 개인적인 내면의 세계를
바깥세상으로 드러내는
우리들의 얼굴

창조의 숨은 비밀까지도
마음의 거울 되어 내비친다.

삶이 우리들의 영혼을
아름답게 다듬는 여행이라면
청아한 얼굴들은
순간의 시간들을 이 느티나무에 그득 담아
다음날을 암팡지게 언약한다.

— 정읍여중, 『느티나무』 제2호(2006) 권두시

아름다운 삶

죽음을 눈앞에 둔 사람이
한 번만 더 별을 보고 싶고
바다를 꼬옥 보고 싶답니다.

우리 모두
별 아래 살지만
마음 놓고 별을 제대로 볼 수 없습니다.

많은 사람들은
바다 가까이 살고 있지만
바다를 바라볼 수 없습니다.

삶이 우리를 그렇게 쫓고 있는 것일까
아니면, 우리가 삶을 그렇게 담금질하는 것일까
우리 『전북수필』 문우만은 조금은 쉬어가면서 느슨한 마음으로
별과 바다를 바라보며 아름다운 삶을 이야기합시다.

— 『전북수필』, 제66호(2008년), 권두시

명품 만들기가 힘들지라도

누군가는 글쓰기 작업을 밀림 속을 헤매는 방랑객으로 비유했다. 활자화된 글 가운데, 독자에게 아름답고 즐거운 감동까지는 주지 못할지라도 깊은 명상을 이끌어낼 수 있는 힘을 지닌 작품이 과연 몇 편이나 될까.

특히 수필의 경우, 단순한 기억을 토해내는 경험을 회고하듯 내뱉고 자기표현에 도취된다면 남는 것은 느낌이 아니라, 빈 껍데기의 활자가 지면을 채우는 무위에 지나지 않을 것이다.

좋은 작품이란, 인간의 삶을 대상으로 하되, 그 내면을 살피는 생각의 소리가 들려야 한다. 이 소리는 완성된 현상의 소리가 아니라, 사고의 과정을 종합적으로 유추하면서 스스로 드러내는 마음의 소리가 아니겠는가.

한편, 수필은 전문적 작가가 아닌 누구나가 쉽게 접근할 수 있다는 점이 다른 영역에 비해 강점이기도 하지만, 그로 인해 수필을 쉽게 황폐화시킬 수 있다는 점에 유의할 필요가 있다.

낙서나 일기가 아닌 최소한의 작품이라 한다면, 평범함 속에서 일각의 비범함이, 일상적인 이야기일지라도 삶의 지혜가, 무거운 생각보다는 잔잔한 즐거움을 만드는 우리 전북수필 문인으로서의 자긍심을 놓치지 말아야 할 것이다.

— 『전북수필』, 제67호(2008년), 권두언

全北隨筆이 주목받는 까닭은

작가는 이름 모를 풀 한 포기 속에서도 삶의 비애와 열락의 숨결을 들을 수 있어야 한다. 시각적 감각이 아니라, 가슴으로 보고 느끼는 정서적 감각으로 꽃과 대화할 수 있어야 좋은 작품을 쓸 수 있다.

좋은 열매를 얻기 위해 나무는 가지에 생채기를 내고 살을 찢는 아픔을 견뎌낸다. 아름다운 꽃 한 송이도 이처럼 아픔 없이 성숙되는 생명은 없다. 연약한 보리는 한 톨의 알갱이를 생산하기 위해 긴 겨울의 혹한을 견디며 매서운 바람에도 꺾이지 않은 질풍경초疾風勁草란 교훈을 우리 인간에게 시사해 주고 있다.

작가 역시, 하나의 주제를 완성하기 위해 찾고 또 찾으며, 쓰고 또 쓰고, 다듬고 또 다듬고, 그리고 다시 생각하는 과정을 반복함으로써 마침내 탈고의 기쁨을 누릴 수 있다. 윤오영 선생의 「수필문학 입문」이 펼쳐진다. "수필을 이해하지 못하고 시를 쓸 수는 있으나, 시를 이해하지 못하고 수필을 쓸 수 없다." 그러기에, 수필은 시 · 음악 · 회화 그리고 생활철학을 비롯한 어느 장르와도 소통되는 여유와 넉넉함이 돋보이는 문학이다.

우리 全北隨筆이 문단에서 주목받고 있는 까닭은 바로 이러한 바탕에서 좋은 작품을 창조하는 문우들의 힘이 아니겠는가.

— 『전북수필』, 제68호(2009년), 권두언

부록

강의 상호곡

講義 目的 및 意義

1. 신라 憲康王 12년(886년)에 孤雲 崔致遠 선생이 태산군 太守로 부임함으로써 씨를 뿌린 泰山선비文化의 정신을 이어받는다.
2. 泰仁(현재는 七寶) 고장의 아름다운 봄을 감상하고 노래한 歌辭文學의 嚆矢作인 丁克仁의 「賞春曲」을 익혀 그윽한 文香을 體驗한다.

☞ 이 원고는 도교육청의 지원을 받아 2010년부터 2년 동안, 칠보에 있는 '태산선비문화관'에서 학생과 주민을 대상으로 필자가 직접 강의한 내용을 정리한 것임.

선비 文化體驗 (최치원, 丁克仁 등)

❒ 선비

– 일반 백성들은 생업에 의해 일정한 소득이 있어야 생활하고 마음이 편안하여 평상심을 잃지 않지만, 선비는 생업에 따른 일정한 소득이 없어도 항상 변하지 않는 양심을 지닐 수 있는 사람이다.

〈『맹자』의 「양혜왕」 상편〉

– 우리 조상들이 꿈꾸었던 가장 이상적인 삶을 살아가는 사람. 세상의 영욕에 연연하지 않으며 자신이 처한 삶에서 최적의 답을 찾아 긍정적으로 세상을 살아가는 사람. 〈『3분 古典(2)』, 박재희. 2013년〉

– 제나라 왕자가 맹자에게 선비란 어떤 사람이냐고 묻는다. 맹자는 자신의 의지와 꿈을 추구(尙志)하는 사람으로서 仁義 즉, 사람을 사랑하는 선비의 마음인 仁과 정의의 義를 소중히 여기는 사람이라고 했다. 〈『맹자』〉

– 선비는 집에 대나무를 못 키우면 수묵화라도 그려서 선비의 올곧음을 보여야 한다. 〈중국의 격언〉

– 일본은 무사의 나라라면, 우리나라는 선비의 나라다.

〈2013. 국사편찬위원회 위원장 이태진 교수〉

– 선비촌 : 경북 영주시, 체험형 숙박.

– 중국 국가주석 시진핑(習近平)이 고운(孤雲 - 선비의 상징적인 인물)의 詩(「梵海」 - 중국에서 공부를 마치고 신라로 돌아가면서 쓴

시)를 인용.

"푸른 바다에 배를 띄우니 긴바람이 만 리를 통하네~. 掛席浮滄海長風萬里通."　　〈박근혜 대통령 중국방문 환영 만찬석(2013.6.27.)에서〉

❐ 선비 (Sun B)

– **해** : 태양계의 중심이 되는 별, 만물 근원의 벼리.

– B : Behavior(행동, 행실, 품행, 태도).

= **行動하는 知識人**(丁克仁 : 世祖 王位 簒奪, 후진 양성).

〈필자의 견해〉

溫故知新

– **法古創新** : 옛것을 본받아 새로운 것을 창조한다는 뜻으로, 옛것에 토대를 두되 그것을 변화시킬 줄 알고 새 것을 만들어 가되 근본을 잃지 않아야 한다.　　〈연암 박지원의 「**楚亭集序**」〉

– **光輝日新** : 하늘과 땅이 아무리 오래되었다 하더라도 끊임없이 새로운 것이 존재하고, 해와 달이 아무리 오래되었다 하더라도 그 빛은 날마다 새롭다. 썩은 흙에서 지초가 돋으며 썩은 풀에서 반딧불이 생긴다.　　〈「**楚亭集序**」〉

– 인생에 세 개의 문이 있다. 첫 번째 문은 과거, 두 번째 문은 현재, 세 번째 문은 미래로 향한다. 어떤 문을 열고 들어가도 그곳에는 인생의 보물이 숨어 있다. 이 세 개의 문을 동시에 관리하는 것이 인생의 성공비결이다.　　〈유태인의 경전 『탈무드』〉

— 책을 읽으면 옛 사람과도 벗이 될 수 있다.(讀書尙友) 〈『孟子』〉

— 古典은 젊은이들에게 늙어서야 알 지혜를 가르쳐주는 책이다. 〈『老子』〉

— 노자는 고대 철학자가 아닌 현대 철학자이다. 〈서강대 최진식 교수의 EBS '인문학특강'에서, 2013. 3.21.〉

— 오로지 옛것(蒼古)을 따르는 것은 공부의 으뜸이다.(專尙蒼古者爲第一功夫也). 〈李三晩(서예가. 1770~1847. 井邑出生)〉

— 古典은 시대의 前衛藝術이다. 〈김환기(1913~1974) 화백 에세이 『어디서 무엇이 되어 만나랴』〉

— 『고전읽기 100권 프로젝트』 〈스티브 잡스〉

— 『동네 작은 도서관에서 미래를 보다』 〈빌 게이츠〉

— 『고문명에서 미래를 찾다』 〈톰 하트만〉

— 傳統은 아무리 더러운 傳統이라도 좋다. 〈시인 김수영〉

— 환상적 리얼리즘을 민간설화와 역사, 그리고 현대와 융합시켰다. 〈모옌(莫言, 중국소설가), 2012년 노벨문학상 수상 소감에서〉

— 「江南 style」(빌보드 2위. 2012년)에서의 말춤(목축 및 농경 시대의 옛 騎馬文化에서 비롯됨) 〈싸이, 박재상〉

— 인천대학교는 역사가 미래입니다! 발자취만 봐도 미래가 보이는 대학 〈2013. 9. 2. 『경향신문』 전면 광고문〉

가사문학(歌辭文學)

❐ 태동의 발자취

– 신라 시대 : 향가(향찰 기록)

– 고려 시대 : 단가(경기체가) _ 양반 중심

장가(속요) _ 남녀상열지사, 서민 중심

– 조선 시대

단가 : 短歌(시조) _ 평시조, 엇시조, 사설시조

→ 현대시조로 발전

장가 : 長歌(소설, 수필류)

양반문학으로서의 품성을 지키면서 **시조(時調)**라는 정형성에서 벗어나 보다 다양하고 풍부한 내면의 세계를 담기 위한 노력의 일환으로 시조의 변형인 **가사문학**이 태동함.

☞ 가사문학은 오늘날 **隨筆** 형태의 문학과 근접.

❐ 주요 작품(作品)

– 정극인(丁克仁, 호 : 불우헌 不憂軒)의 「상춘곡」(賞春曲, 성종)

– 송순(宋純)의 「면앙정가」(중종)

– 백광홍(白光弘)의 「관서별곡」(명종)

– 정철(鄭澈)의 「성산별곡」(명종), 「관동별곡」, 「사미인곡」, 「속미인곡」(선조)

– 박인로(朴仁老)의 「태평사」, 「선상탄」, 「사제곡」, 「누항사」, 「독락

당」 등

- 소고당(紹古堂) 고단(高端)여사의 「山外別曲」, 「豊沛之館」
- 歌辭集 : 제1집(1991), 제2집(1999), 제3집全(2010)
- 歌辭碑 : 전남 장흥읍 평화마을(2005. 5. 31.),
  산외중학교(2007. 5. 22.)

■ 丁克仁 (1401~1481)

조선 태종 - 성종 때의 문인 · 학자. 호는 불우헌(不憂軒).

벼슬이 사간원 정언(司諫院正言)에 이르렀으며, 단종 폐위에 즈음해서 벼슬을 그만두고 고향 태인에 돌아와 후진을 가르쳤다. 그의 정성이 성종에게 알려져 삼품 교관(三品敎官)을 받았고, 이에 감동하여 「불우헌곡」을 지었다. 또 가사 「상춘곡」을 지었으니 이는 선조조 가사의 시초라 할 수 있다. 이 밖에도 「불우헌가」가 전하여 문집에 『불우헌집』이 있다.

■ 불우헌집(不憂軒集)

조선 정조 때(1756) 정극인의 후손 정효목(丁孝穆)이 정극인의 글을 모아 엮은 문집. 이 속에는 한문으로 된 그의 시문 외에 경기체가인 「불우헌곡」, 조선 송축가인 「불우헌가」와 가사 「상춘곡」 등이 있다.

賞 春 曲(全文)

紅塵에 뭇친 분네 이 내 生涯 엇더ᄒᆞᆫ고. 녯 사ᄅᆞᆷ 風流ᄅᆞᆯ 미ᄎᆞᆯ가 ᄆᆞᆺ 미ᄎᆞᆯ가. 天地間 男子 몸이 날만ᄒᆞᆫ 이 하건마ᄂᆞᆫ, 山林에 뭇쳐 이셔 至樂을 ᄆᆞᄅᆞᆯ 것가. 數間茅屋을 碧溪水앏픠두고, 松竹鬱鬱裏예風月主人되여셔라.

→ 서사(序詞, 隱遁生活)

엇그제 겨을 지나 새봄이 도라오니, 桃花杏花ᄂᆞᆫ 夕陽裏예 퓌여 잇고, 綠楊芳草ᄂᆞᆫ 細雨中에 프르도다. 칼로 ᄆᆞᆯ아 낸가, 붓으로 그려 낸가, 造化神功이 物物마다 헌ᄉᆞ롭다. 수풀에 우ᄂᆞᆫ 새ᄂᆞᆫ 春氣ᄅᆞᆯ ᄆᆞᆺ내 계워 소ᄅᆡ마다 嬌態로다. 物我一體어니, 興이ᄋᆡ 다ᄅᆞᆯ소냐. 柴扉예 거러 보고, 亭子애 안자 보니, 逍遙吟詠ᄒᆞ야, 山日이 寂寂ᄒᆞᆫᄃᆡ, 閑中眞味ᄅᆞᆯ 알 니 업시 호재로다. 이바 니웃드라, 山水 구경 가쟈스라. 踏青으란 오ᄂᆞᆯ ᄒᆞ고, 浴沂란 來日 ᄒᆞ새. 아ᄎᆞᆷ에 採山ᄒᆞ고, 나조ᄒᆡ 釣水ᄒᆞ새.

→ 본사 1(本詞, 沒我一體)

ᄀᆞᆺ 괴여 닉은 술을 葛巾으로 밧타 노코, 곳나모 가지 것거, 수 노코 먹으리라. 和風이 건ᄃᆞᆺ 부러 綠水ᄅᆞᆯ 건너오니, 淸香은 잔에 지고, 落紅은 옷새 진다. 樽中이 뷔엿거든 날ᄃᆞ려 알외여라. 小童 아ᄒᆡ ᄃᆞ려 酒家에 술을 믈어, 얼운은 막대 집고, 아ᄒᆡᄂᆞᆫ ᄉᆞᆯ을 메고, 微吟緩步ᄒᆞ야 시냇ᄀᆞ의 호자 안자, 明沙 조ᄒᆞᆫ 믈에 잔시어 부어 들고, 淸流ᄅᆞᆯ 굽어보니, ᄯᅥ오ᄂᆞ니 桃花ㅣ로다. 武陵이 갓갑도다, 져 ᄆᆡ이 긘 거인고.

⟶ **본사 2(本詞, 春　興)**

松間 細路에 杜鵑花ᄅᆞᆯ 부치 들고, 峰頭에 급피 올나 구름 소긔 안자 보니, 千村萬落이 곳곳이 버러 잇ᄂᆡ. 煙霞日輝ᄂᆞᆫ 錦繡ᄅᆞᆯ 재폇ᄂᆞᆫ ᄃᆞᆺ. 엇그제 검은 들이 봄빗도 有餘ᄒᆞᆯ샤. 功名도 날 ᄭᅴ우고, 富貴도 날 ᄭᅴ우니, 淸風明月 外예 엇던 벗이 잇ᄉᆞ올고. 簞瓢陋巷에 흣튼 혜음 아니 ᄒᆞᄂᆡ, 아모타, 百年行樂이 이만ᄒᆞᆫᄃᆞᆯ 엇지ᄒᆞ리

⟶ **결사(結詞, 安貧樂道)**

서사(序詞, 隱遁生活)

■ 은둔생활 : 지금은 逃避생활로 이해하고 있으나, 당시에는 중앙의 벼슬을 버리고 시골에서 자연과 함께 생활하는 삶을 의미함.

■ **홍진(紅塵)** : 바람이 불어 햇볕에 벌겋게 일어나는 티끌

· 俗世, 世上, 塵世, 下界(송강, 사미인곡)

· 別有天地보다 참生命의 삶터

☞ 한강은 눈물 삼키고 북악산은 눈살 찌푸리는데(洌水呑聲白岳嚬)
티끌 세상에 세도 양반들은 의구하구나(紅塵依 簇簪紳)
청컨대, 역대의 간신전을 한번 보시오(請看歷代姦臣傳)
나라 팔중에 원래 나라위해 죽은 이 없다오(賣國元無死國人).

〈황현(黃玹, 梅泉)의 「聞變 3」〉

- 을사조약으로 비분강개한 심정을 51세 때 씀. 이때의 홍진은 어지럽고 시끄러운 세상으로 쓰였으나, 「상춘곡」에서는 일상적인 세상살이의 의미로 쓰임.

☞ 화광동진(和光同塵) : 당신의 잘난 그 빛(光)을 누그러뜨리고(和) 이 세상의 세속(塵)과 함께(同)하라. 타인에게 상처를 주지 않으면서 타인을 인도하는 길 → 즉, 無爲自然의 삶(上善若水)

〈老子의 『道德經』에서〉

- 그리스도의 경우, 본래는 빛이었으나 그 빛을 감추고 마구간에서 먼지와 티끌과 같이 하나가 된 예수는 하나님의 成肉身으로 태어났다.(和光同塵) 그리스도가 진흙과 같은 인간들과 함께 살았지만 진흙 그 자체는 아니었다.

– 불교의 경우, 연꽃에 비유되기도 한다. 연꽃이 진흙 속에 뿌리를 내리고 있지만 연꽃이 진흙과 동일시될 수는 없는 이치와 같다.(濁而靜)

■ **생애(生涯)** : 지금은 一平生의 의미로 쓰이고 있으나, 본문에서는 生活, 生計로 쓰임.

☞ 世事琴三尺(세상의 시름은 거문고를 켜면 잊을 수 있고)
生涯酒一杯(일상의 괴로움은 한잔 술로 달랜다.) 〈推句〉

■ **풍류(風流)** : **멋**(韻 · 音致) + **맛**(酎 · 飮食) + **뭇**(生命 · 自然)
⇒ **至樂**

☞ 멋이란 아름다운 맛이다. 멋의 미는 風流의 미요, 맛의 미는 風雅의 미다. 〈동탁 조지훈〉

☞ 북창삼우(北窓三友) : 거문고(琴), 술(酒), 시(詩)
〈白居易, 唐. 白樂天의 詩〉

☞ 삼 혹 호(三 惑 好) : 거문고(琴), 술(酒), 시(詩) 〈李奎報, 고려〉

☞ 風流徒(花郞徒)

■ **지락(至樂)** : 더할 수 없는 즐거움(知 → 好 → 樂 → 狂 ⇒ 及)

☞ 아는 것은 좋아하는 것만 못하고(知之者 不如好之者) 좋아하는 것은 즐기는 것만 못하다.(好之者 不如樂之者) 〈『論語』의 「雍也」〉

☞ 즐기는 것은 미치는 것만 못하고(樂之者 不如狂之者)
미치지 않으면 미치지 못한다(不狂不及)

☞ 프랑스의 천재 물리학자 앙페르(1775~1836)는 대학 강의에 열중하다 손수건으로 칠판을 닦고 걸레로 자기 얼굴을 닦는 경우가 자주 있었다

고 한다. 한편, 연구에 방해가 된다고 방문객을 따돌리기 위해 '앙페르 부재'라고 푯말을 걸어놓았는데 어느 날, 그가 외출에서 돌아와 집에 들어가려 하는데 문의 팻말을 보고 "아 그래, 집에 없으면 어쩔 수 없지. 다음에 다시 오는 수밖에…." 하고 되돌아갔다.

☞ 知(學力) → 好(實力) → 樂(達人 : 기술 · 이공계, 大家 : 인문학) → 狂(熱情, 靈魂一體) ⇒ 及(成就, 萬事亨通)

☞ 아마추어리즘(amateurism, 道樂) : 어원은 아마토르(amator)란 라틴어에서 뭔가를 사랑하는, 오직 그 일이 좋아서 즐기는 사람을 가리키는 말이다. ↔ professionalism, 전문성으로 승리와 경쟁이 따름.

☞ 學而時習之不亦說乎 : 배우고 익히는 학습의 목적은 제 스스로의 기쁨을 누리는 데 있다. 즐거운 공부는 곧, 참된 공부다.(즐겁지 않은 공부는 노동이다.) 〈『論語』〉

☞ 즐거워서 밤을 새웠다. 내가 선택한 난치병 연구에 푹 빠져 지냈을 뿐이다. 〈2012년 생리의학으로 노벨상을 수상한 일본의 야마나카 교수〉

☞ 好學深思 心知其意(즐겨 배우고 깊이 생각하면 마음으로 그 뜻을 안다.) 〈『史記』〉

☞ 我自樂此不爲被也(내가 좋아서 즐기는 일이니 피로하다고 느끼지 않는다.) 〈광무제가 밤낮으로 쉬지 않고 일하니 태자가 휴식을 권하자 광무제의 대답〉

☞ "왜 여러 우물을 팠냐고요? 그냥 심심하니까, 재미있으니까."

〈조영남 : 『경향신문』 2012.5.28. '알파레이디 북토크'에서〉

☞ 열정(熱情)은 생명의 원천이요, 열정이 솟지 않으면 죽음이 다가온다.

☞ 이 시대의 학력은 열정과 도전정신이다. 하버드대를 나왔어도 열정과 도전정신이 없으면 꽝, 학교를 안 나왔어도 열정과 도전정신만 넘치면 짱! 까짓 학벌이 뭐 그리 중요한가?

〈행복디자이너 고 최윤희 글, 『마음을 노나주는 유쾌한 인상사전』, 2009년〉

☞ 세월은 피부에 주름을 보태지만, 熱情을 잃으면 영혼에 주름이 진다.

〈사무엘 울만〉

☞ 열정은 정열이다. 열정은 목적의식이 분명한 창조적인 에너지, 활력이자 활기다. 〈『혼자 사는 즐거움』의 작가-사라 밴 브레스낙〉

☞ 열정이란 행동을 유발하는 원동력이자 어떤 일에 몰입할 수 있도록 해주는 에너지다. 〈루화난 지음, 『인생의 레몬차』, 2006년〉

☞ 나이 드는 것은 두렵지 않으나 삶의 열정이 식는 것은 두렵다.

〈혜민 스님의 『멈추면, 비로소 보이는 것들』, 2012년〉

☞ 즐겁게 살지 못하면 지혜롭거나 바르게도 살 수 없다.

〈그리스의 쾌락주의자 에피쿠로스〉

☞ 어떤 일이든 처음부터 뜻대로 되는 일은 없다. 짧게는 몇 년에, 길게는 몇십 년까지 심혈을 기울이면(熱情) 아무리 바보라도 그 일에는 통달한다. 〈미즈노 남보쿠(일본의 전설적인 관상가, 사상가)〉

☞ 보장된 미래보다 좋아하는 일을 택하라. 〈안철수의 어록〉

■ **수간모옥(數間茅屋)** : 두어 칸 되는 띠집, 시골의 소박한 집.

☞ 不憂軒(丁克仁의 號)

☞ 마음이 편안하면 모옥일지라도 편안하다.(心安茅屋穩) 성품이 안정되면 나물국이라 할지라도 향기롭다.(性定菜羹香) 〈『明心寶鑑』〉

☞ 우리의 한국화에 늘 사람과 집이 조그맣게 그려지는 것은 사람과 집 또한 자연의 작은 부분일 뿐이라는 조상들의 철학이 들어 있는 까닭이다.

■ **벽계수(碧溪水)** : 시내의 맑은 물. 본문에서는 동진강 지류(칠보천)의 맑은 물.

☞ 靑山裏 碧溪水야 수이 감을 자랑 마라 / 一到滄海하면 다시 오기 어려오니 / 明月이 滿空山하니 쉬어 간들 엇더리

〈宣祖 때, 明月 黃眞伊의 詩〉

※ 同音異義語(重義法)

碧溪水(碧溪守) : 맑은 물(世宗의 宗孫, 1508年生, 觀察使를 지낸 李琮淑)

明月 : 밝은 달, 黃眞伊의 號

■ **풍월주인(風月主人)** : 自然의 主人, 淸風明月의 준말

본문에서의 主人의 의미는 自然과 더불어 살아가는 삶을 표현함.

☞ 달은 우주의 촛불이요(月爲宇宙燭), 바람은 산야의 북소리다.(風作山野鼓)// 달은 구름 사이의 거울이요(月作雲間鏡), 바람은 대나무 밭의 거문고 소리다(風爲竹裏琴) 〈『推句』〉

☞ 또한 천지간 만물에는 다 주인이 있어 내 소유가 아니거늘 비록, 털끝만큼이라도 이를 취하면 아니되거니와 오직, 강산의 청풍과 산간의 명월만은 귀가 이를 얻어 소리가 되고, 눈이 이를 만나 빛을 이루나니 아무리 이를 취하여도 금할 길이 없고 이를 써도 마르지 않으니 과연, 조물주의 무진장함이로다. 그리하여 나와 그대와 함께 즐기는 바이다.(且夫天地之間 物各有主 苟非吾之所有 雖一毫而莫取 惟江山之淸風 與山間之明月 耳得之而爲聲 目遇之而成色 取之無禁 用之不竭 是造物者之無盡藏也 而吾與子之所共適)

〈蘇東坡(宋), 蘇軾의 「前赤壁賦」〉

☞ Affluenza(富者病) :

Affluent(풍요로운, 부유한) + Influenza(유행성 독감 바이러스)의 합성어

☞ 凡事에 感謝하자.

(Observe around you and be thankful for all that you have in this transitory life time.)

■ **하건마는** : 많건마는

※ 기본형은 '하다'(多)이며, 오늘날의 '하다'는 'ᄒᆞ다'(爲)임.

■ **ᄆᆞᄅᆞᆯ 것가** : 모르는 것인가

※ 기본형은 ᄆᆞᄅᆞ다(바른 표기는 모ᄅᆞ다.)

본사1(本詞, 沒我一體)

■ **도화행화(桃花杏花)** : 복숭아꽃과 살구꽃

☞ 본문 셋째 단락의 武陵桃源 참조

☞ 杏亶春風(古縣八景)

☞ 복숭아(桃) : 중국이 원산지(白桃. 黃桃),
不老長生의 仙藥(도연명의 「桃花源記」)

☞ 仙桃聖母(朴赫居世의 母)

☞ 비타민C(유해산소 제거, 피부미용에 효과적), 칼륨(혈압 조절하는 미네랄), 펙틴(식이섬유의 일종으로 혈중 콜레스테롤 조절)
長魚먹고 복숭아 먹으면 泄瀉

■ **석양리(夕陽裏)** : 저녁 햇볕 속에, 저녁 무렵 관련, 月延落照
〈古縣8景〉

■ **녹양방초(綠楊芳草)** : 푸른 버들과 향기로운(꽃다운) 풀(綠陰芳草와 同義語)

■ **퓌여** : 피어

※ 기본형은 퓌다.(古形은 프다) ⇒ 프다 〉 픠다 〉 퓌다 〉 피다.

■ **세우중(細雨中)** : 가랑비 속

■ **ᄆᆞᆯ아낸가** : 마름질(오려)하여 냈는가

※ 'ᄆᆞᆯ아'의 기본형은 ᄆᆞᄅᆞ다. 즉, 마름질하다. 재단하다. 오리다.

■ **조화신공(造化神功)** : 천지 만물을 창조 변화하는 造物主의 신령스런 공력.

■ **칼로 ᄆᆞᆯ아낸가 ~ 헌ᄉᆞ롭다** : 수려한 칠보의 아름다운 풍광(금수강산을 집약한 표현 구절)

・헌ᄉᆞ롭다 : 야단스럽도록 아름답다.(豪壯하다, 현란하다.)

☞ 마크 트웨인(Mark Twain, 美 소설가) 曰, "神은 모리셔스(Mauritius, 아프리카의 동쪽, 인도양 남서부)를 창조했다. 그리고 천국을 만들었다."

– '모리셔스'는 제주도만 한 작은 섬나라이며 해마다 60만 명 이상의 관광객이 다녀가고 있음. 산호초로 가득한 옥빛 바다와 원시림 등 빼어난 자연경관임. 특히, 샤마렐 무지개 언덕은 침식현상으로 고대의 화산재가 무지개 빛깔로 드러나 아름답기에 EBS에서도 방영한 바 있음.

■ **계워** : 못 이기어, 이기지 못하여.

■ **교태(嬌態)** : 아양 부리는 태도, 애교 있는 모습

■ **물아일체(物我一體)** : 외계의 물체 곧, 자연과 내가 한몸이다. 자연 속에 沒入, 心醉하여 자연에 동화된 경지.

☞ 沒我一體, 物心一如, 主客一體, 沒我之境, 三昧境(參禪修行 - 깨달음의 절정), 物我交融
〈『世說新語』 : 송(宋)나라의 유의경(劉義慶 : 403~444)이 편집한 후한(後漢) 말부터 동진(東晋)까지의 명사들의 일화집〉

☞ 胡蝶之夢 : 莊子가 꿈속에서 나비가 되어 꽃밭을 날아다니는 꿈을 꾸었다. 그런데 꿈을 깨고 보니 내가 나비의 꿈을 꾼 것인가, 아니면 나비가 인간이 되는 꿈을 꾼 것인가 의문을 품게 되었다. 꿈과 현실이 의미가 없다는 人生無常과 나비와 내가 하나가 된 物我一體를 강조한 고사
- 胡蝶之夢에 대한 실재론자 러셀의 생각은 좀 다르다. 내가 나비의 꿈을 꾼다고 할지라도 또는 나비가 나에 대한 꿈을 꾼다고 할지라도 나는 나비가 아니며 나비 또한 내가 아니라고 비판했다. 이는 동양 사유의 특질은 내면성(심층성)으로, 서양 사유의 특질은 외면성(표층성)으로 표현되기 때문이다. 그러므로 전자는 인간과 자연은 道를 통해 합일 · 조화된 채로 이해되며, 후자는 수학적 · 논리적 · 합리성을 통해 분리된 채로 이해된다.
〈한국도가철학회 엮음, 『노자에서 데리다까지』. 2001년〉

☞ 抱一의 世界(불교) ⇒ 一卽多多卽一(하나 속에 내포된 비밀, 진리), 내가 하나를 품는 것이지만, 내가 하나 속에 편입되어 동화되는 것이기도

하다. 다시 말해 내가 眞理를 품는 것이기도 하지만, 眞理가 나를 품는 것이기도 하므로 主客의 세계가 완연한 일치를 보는 단계다.

- 서양철학자 중 가장 난해하다는 헤겔은 유토피아는 이상적인 사회제도보다는 개인의 문제라고 했다. 주객의 일체감을 통해 진정으로 자기 자신이 만족하는 세계가 곧, 유토피아를 지향한다고 했다.

☞ 참으로 아름답고 참되고 옳은 것은 눈에 띄지 않는다.
즉, 보이는 것은 잠깐이요, 보이지 않는 것은 영원하다. 視聽하는 자세보다는 見聞의 자세로 사물을 바라보고 들을 때, 마음의 눈이 열리는 것이요, 物我一體의 경지를 엿볼 수 있다.

〈老子의 『道德經』 제11장〉

☞ 천지는 나와 한뿌리요(天地與我同根),
만물은 나와 한몸이다(萬物與我同體). 〈宋의 佛書인 『碧巖錄』〉

☞ 卽自狀態 → 對自的 狀態, 自己에 대한 客觀的 理解, 事物에 대한 客觀的 理解 ⇒ 普遍性에 이르는 過程 〈헤겔Hegel, 독일의 철학자〉

☞ 백성은 바로 나의 동포이고 만물은 나의 동반자이다.

〈李瀷, 『나는 모든 것을 알고 싶다』〉

- 어떤 물건을 만드는 일이 '自己覺醒의 過程'이다. 즉, 물건 만드는 사람은 물건의 성질을 이해하고 거기에 따라 일해야 되니까, 자기를 自制할 필요가 있다. 물건 자체의 性格을 이해하고 자기를 自制하는 사이에 자기도 그런 객관적 상태에서 파악하게 된다는 것이다.
- 방패 같은 커다란 잎이 우포늪 가득 착 발려 있다. (중략) 오 저 고운 웃음에 대해 숨 죽여라 지금/ 소신공양 중이다.

〈문인수 시인의 「가시연꽃」〉

- 목청껏 노래 부르도록 파도를 지휘하는 바람이 있기에 바닷가는 노천극장이다. 그곳에 새들은 모여들고 연인들은 찾아와 아름다운 자연과 하나 되어 사랑을 노래한다. 〈이제길, 「바닷가에서」〉

☞ 지구에서 4.4光年(1光年 : 진공상태에서 1년 동안의 빛의 속도) 떨어진 판도라 行星에서 自然과 하나가 되어 살아가던 원주민 나비족이 판도라의 資源을 노린 지구의 침입자들과 저항하는 이야기에서 主客一體, 物心一如의 경지를 만날 수 있다

〈제임스 캐머런 감독의 영화, 「아바타」〉

- 판도라(Pandora) : 그리스 신화(최초의 여자, 불의 신)에서 얻은 명칭으로 土星 안쪽을 도는 衛星(1980년 보이저1호가 탐사하여 發見)

■ **시비(柴扉)** : 사립문

■ **정자(亭子)** : 경치 좋은 곳에 놀거나 쉬기 위하여 지은 집(壁이 없고 지붕만 있음)

☞ 감운정(感雲亭, 칠보) : 최고운(崔孤雲) 선생과 검단대사(劒丹大師) 등의 유상곡수(流觴曲水) 놀이를 추모하기 위해 건립(1880년)

☞ 피향정(披香亭, 태인면) : 湖南의 第1亭(보물 제289호. 조선중기 건립?)

☞ 소쇄원(瀟灑園, 담양) : 조선 중종(1530년) 때 소새 양산보(瀟灑, 梁山甫, 趙光祖 제자)가 건립

☞ 송강정(松江亭, 鄭澈, 담양), 면앙정(俛仰亭, 송순, 담양)

■ **소요음영(逍遙吟詠)** : 슬슬 거닐며 나직이 시구를 읊조린다.

微吟緩步(걷기 → 逍遙, 漫步, 緩步, 散步, 散策)

■ **한중진미(閑中眞味)** : 한가로운 가운데에서의 참된 맛.(恬淡 : 고요하고 맑음)

■ **호재로다** : 혼자로다.

※ 호자ㅣ로다.

■ **답청(踏青)** : 중국 唐宋 이후의 풍속. 淸明節(踏青節, 음 삼월삼짇날, 우리의 식목일)에 郊外를 거닐며 화조를 즐기던 놀이

☞ 24절기 중, 봄 절기(立春 - 雨水 - 驚蟄 - 春分 - **淸明** - 穀雨)

■ **욕기(浴沂)** : 맑은 물에 목욕하고 노는 일.

☞ 공자가 하루는 가까운 제자를 앉혀놓고 평소의 포부를 물었더니, 子路를 비롯한 좌중의 제자들이 모두 정치적 야심을 토로하였는데 오직, 曾點만은 "늦은 봄 좋은 시절에 교외로 나가 沂의 온천에서 목욕하고 바람을 쐬고 노래를 읊으며 돌아오겠습니다."라고 대답하였더니, 孔子가 나도 같은 생각이다라는 고사에서 유래함.

〈『論語』의 「先進篇」〉

■ **채산(採山)** : 산나물을 캐다.

■ **조수(釣水)** : 낚시질(磯釣) 관련, 江亭漁火(古縣8景)

본사2(本詞, 春 興)

■ **괴여** : 발효(醱酵)하여.

※ 기본형은 '괴다'이며 임금이 신하를 사랑하다. 쓰러지지 않도록 받치다. 그리고 물이 고이다 등의 의미도 있음.

■ **술(酒)** : 醪(막걸리료) → 濁酒, 濁醪

☞ **李奎報**(고려)의 「麴先生傳」: 술을 擬人化하여 당시 사회상을 풍자 (假傳體 說話)

- 술이 없으면 詩도 지어지지 않고/ 詩가 없으면 술도 마시고 싶잖아/ 시와 술을 내 모두 즐기니/ 서로 어울리고 서로 있어야 하네.
- 하늘이 내게 술 못 마시게 할 양이면/ 아예 꽃과 버들 피어나게 하질 말아야지/ 꽃 버들이 아리따운 이때 어이 안 마시리/ 봄은 나를 저버릴망정 나는 그리 못하리/ 잔 잡고 봄을 즐기니 봄 또한 좋아라.

☞ 창밖에 국화를 심고 국화 밑에 술을 빚어 놓니/ 술 익자 국화 피자 벗님 오자 달이 솟네/ 아희야 거문고 청처라 밤새도록 놀아보리라.

〈월산대군 (成宗의 형이며 은둔생활을 즐김)〉

☞ 재 너머 성권롱 집의 술 익단 말 어제 듣고/ 누운 소 발로 박차 언치 놓아 지즐 타고/ 아해야, 네 권롱 계시냐 정좌수 왔다 하여라.

〈술 핑계로 송강 정철이 고양에 살면서 파주에 사는 권성룡을 찾아 지은 시〉

☞ 짚방석 내지 마라 낙엽엔들 못 앉으랴/ 솔불 켜지 마라 어제 진 달 돋아온다/ 아이야, 박주산채일랑 없다 말고 내어라.

〈韓濩, 號는 石峯 1543~1605〉

☞ 酒聖(詩聖) → 杜甫, 酒仙(詩仙) → 李白, 詩宗 → 杜甫 + 李白

- 술은 인생의 동반자(百藥之長)/ 도깨비 국물(百藥無益)//
꽃도 반쯤 핀 봉오리가 아름답듯(花發半開), 술도 살짝 취해야 아름답다.(酒飮微醉)

■ **갈건(葛巾)** : 葛布로 만든 頭巾

☞ "葛巾으로 밧타" ⇒ 도잠(陶潛, 晋의 文豪)이 술이 익자 葛巾을 벗어서 술을 걸렀다는 데서 유래함.

■ **곳나모 ~ 먹으리라**

☞ 훈盞 먹새근여 또 훈盞 먹새근여/ 곳것거 算놋코 無盡無盡 먹새근여 // 이몸 죽은 後면 지게우희 거적덥혀 주리혀 ᄆᆡ여가나/ 流蘇寶帳에 萬人이 우러네나// 어욱새 속새 덥가나모 白楊수페 가기곳가면 누론ᄒᆡ/ ᄒᆞᆫ돌 ᄀᆞᄂᆞᆫ비 굴근눈 쇼쇼리 ᄇᆞ람 불제 뉘ᄒᆞᆫ盞 먹자ᄒᆞᆯ고// 하믈며 무덤 우해 잰납이 파람 불제야 뉘우친들 엇더리.

〈鄭澈의 「將進酒辭」〉

☞ "~난 늘 술이야 맨날 술이야/ 널 잃고 이렇게 힘들 줄이야…"
이 곡은 2006년 남성 듀오 '바이브'가 불러 당시 폭발적인 인기곡(「술이야」)이었으나, 2011년 「나는 가수다」에서 장혜진이 불러 19禁 판정을 받았으나 그 후 여론으로 해제된 사례.
※ 시대에 따라 술에 대한 기준이 다름.

■ **화풍(和風)** : 부드러운 바람. 본문에서는 봄바람으로 쓰였으나, 사전적 의미는 가을철의 싸늘한 찬바람을 일컫는다.

☞ 北斗星 기울여 滄海水 부어내여, 저 먹고 날 머겨늘 서너 잔 거후로니, **和風**이 習習ᄒᆞ야 兩腋을 추혀드니 九萬里長空에 져기면 ᄂᆞᆯ리로다.

→ 따뜻한 봄바람으로 쓰임. 〈鄭澈의 「關東別曲」에서〉

☞ 봄바람 → 漢字로는 春風, 東風, 溫風, 谷風 등이 있으며, 우리말로는 '명지바람'이라 함.

※ 하늬바람(가을바람), 높새바람(겨울바람)

■ **낙홍(落紅)** : 가을의 낙엽이 아니라, 떨어지는 꽃잎 즉, 落花를 일컬음.

※ 落花 : 명사구(떨어진 꽃)

※ 紅落 혹은 花落은 동사구(꽃이 떨어지다)

☞ "落紅은 옷새진다." → 미쳤지,/ 미쳤어!/ 엉망으로 취했네// 술 마시지 않고서는/ 못 배길 세상이더냐// 밤 새워/ 퍼마시고서는/ 울음처럼 토한다. 〈박창주 시조시인(부산문협)의 「내장산 단풍」〉

■ **얼운은 막대 짚고**

☞ 당시에는 人間五十古來稀라 하여 50이 넘어 60에 접어들면 으레 허리를 구부리고 지팡이 짚고 땅만 보면서 걸어다녔다 함.

※ 장가(杖家) → 50세(禮記). 孔子는 知天命이라 함.

■ **미음완보(微吟緩步)** : 느릿느릿 걸으며 나직이 읊조리다 → 逍遙吟詠

☞ 남녀완보(藍輿緩步)ᄒᆞ야 山映樓 의 올나ᄒᆞ니

〈鄭澈의 「關東別曲」에서〉

■ **명사(明沙)** : 맑고 깨끗한 모래

☞ <u>明沙</u>十里 → 咸鏡南道 元山에 약 10리에 걸쳐 있는 모래톱. 곱고 부드러운 모래와 海棠花로 아름다운 경치를 이룬 海水浴場이 있음

☞ 鳴沙길 니근 ᄆᆞᆯ이 醉仙을 빗기 시러, 바다ᄒᆞᆯ 겻ᄐᆡ 두고 海棠花로 드러가니~ 〈鄭澈의 「關東別曲」에서〉

■ **조흔** : 기본형은 '좋다'(淨 : 깨끗하고 맑다.)

※ 기본형 '둏다'(好 : 좋다.)

■ **무릉(武陵)** : 무릉도원(武陵桃源)의 준말.

別有天地非人間, 仙境, 桃源境, 天桃, 理想鄕, 太平聖代, 호중지천(壺中之天) = 호리건곤(壺裏乾坤), 樂園 ↔ 失樂園

- 옛날 壺公이란 藥商人이 가게에 병을 걸어두고 해가 지면 그 병 속에 들어가곤 했다. 어느 날 費長房이란 사람이 그 뒤를 따라 들어가니 그 속에는 큰 전당이 있고 좋은 음식이 마련되어 잘 대접을 받았다는 故事.
- 樂園 ↔ 失樂園(존 밀턴) : 하늘에 죄를 범한 아담이 최초의 낙원(無善無惡의 상태)인 에덴동산에서 쫓겨나서 불행하게 살고 있는 모습(善惡의 선택적 이분법 사랑의 생성)을 그리다. 이를 속죄하기 위해 제2의 아담인 그리스도가 탄생하여 구원의 신앙이 도래.
- 탈혼망아(脫魂忘我)의 경지? 역시, 塵世가 참생명의 삶터

☞ 晉나라 태원연간(太元年間), 무릉(武陵)의 한 漁夫가 냇물을 따라 가다가 문뜩 복숭아꽃이 만발한 숲을 만나 따라 올라갔다가 숲과 물길이 다한 곳에 조그마한 구멍이 하나 발견되었다. 수십 보를 들어가 보니 안은 탁 트여 환한 別天地가 열리는데, 그 속의 남녀들은 모두 기쁨에 찬 얼굴들이었다. 그들은 漁夫를 보고 크게 놀라며, "우리는 秦始皇 때 난리를 피하여 이곳에 왔거니와 지금 바깥세상은 어느 세상이오?"

하고 물었다. 그들은 漢나라를 비롯하여 魏, 晉나라에 대해서는 전혀 아는 바 없었다.(※620餘 年의 歲月이 지남) 漁夫는 며칠 대접을 받고 돌아와서 고을 太守에게 그 사실을 알렸더니 太守가 곧 사람을 시키어 그 곳을 찾고자 하였으나 찾지 못했다.

〈陶淵明(晉, 365-427)의 「桃花源記」(399年)〉

☞ **진시황제**(秦始皇帝, 이름 : 嬴政) → 31代 帝王(13歲)

- 一强6小(**秦**/燕.楚.齊.魏.趙.韓/ ⇒ 秦나라 최초의 皇帝(39歲)
- 都市國家 → 春秋時代(12諸侯國) → 戰國時代(7國) ⇒ **秦의 統一** (BC221)
- 不老長生의 꿈(50세 死) → 인간의 궁극적 목적은 大自然에 순응하여 天人合一 즉, 宇宙의 法則에 歸依하는 것이 不老長生의 경지에 이르는 것임.
- 산다는 것은 한 조각 뜬구름이요(生也一片浮雲氣) 죽음이란 한 조각 구름이 사라지는 것이다.

〈이상은 李喆浩 지음 『小說 李濟馬』에서 李濟馬 스승 山雲居士의 말〉

☞ 조선조 방랑시인 김삿갓(金炳淵)이 松嶽山이 있는 松都(開城)을 지나게 되었다. 개성은 예로부터 인심이 사납고 장사를 잘 하는 고장인 동시에 인색한 곳으로 알려져 있었다. 그곳에서 대문이 큰집 앞에 이르러 하룻밤 자고 가기를 청하였다. 그의 몰골을 본 주인은 땔감이 없어 재울 수 없다며 다른 집에 가보라고 한다. 이에 실망하여 시 한 수를 남긴다.

읍 이름은 성을 연다고 했는데 어찌 문을 닫으며(邑號開城何閉門)
산 이름은 소나무 산인데 어찌 나무가 없다고 하느냐.(山名松嶽豈無薪)
날이 저물었는데 손을 쫓으니 사람의 인사가 아니며(黃昏逐客非人間)

예의동방국에서 이곳만이 **진시황처럼 흉악하도다.**(禮儀東方子獨秦)

☞ 묻노니 그대는 왜 푸른 산에 사는가(問余何事棲碧山)/ 웃을 뿐 답은 하지 않고 마음만 한가롭네(笑而不答心自閑)/ 복숭아 꽃이 흐르는 물에 아득히 흘러가나니(桃花流水杳然去)/ 별천지 따로 있어 인간세상이 아니네.(別有天地非人間) 〈李白(李太白)의 山中問答(7言絕句)〉

☞ 頭流山(智異山) 兩端水를 예 듣고 이제 보니/ 桃花 뜬 맑은 물에 山影조차 잠겼어라/ 아희야 武陵이 어디뇨 나는 옌가 하노라.(曹植)

☞ **유토피아(Utopia)** : 理想鄕(사람이 상상해낸 이상적이며 완전한 곳, 이 세상에 없는 곳, 不在로만 存在하는 가상의 섬)

〈영국의 극작가 Thomas more의 정치적 공상소설(1516年)에서 유래 : 영국 사회의 부패상을 고발하면서 이상적인 평등사회를 구사〉

↔ **Distopia(逆, 反理想鄕)** : 불안, 고독, 소외 등의 부정적인 사회

- 토마스 모어(1478~1535) : 16세기 유럽 종교개혁의 소용돌이 속에서 국왕이 종교의 首長이 되는 宗敎改革을 단행한 헨리 8세에 반대해 반역죄로 처형된다. 당시 영국에서는 막대한 부를 향유하는 사람이 無所不爲의 권력을 휘두르는 반면, 음식을 훔쳤다는 이유로 교수형을 당하기 일쑤였다. 유토피아는 어쩌면 이상세계라기보다는 일그러진 현실을 비추는 거울이었다. 그러므로 굶주리고 현실에 철저한 절망을 겪지 않은 사람은 유토피아를 꿈꿀 수 없었다.
- 持竿鎭日釣江邊(낚싯대 드리운 채 온종일 강변에 앉아)/ 垂脚淸波困一眠/ 夢與白鷗遊萬里(꿈에 갈매기와 더불어 한없이 노닐다가)/ 覺來身在夕陽天(깨어 보니 몸은 석양의 하늘 밑에 있네)

⇒ 꿈을 낚는 삶'

조선 시대 세조 때 생육신의 한 사람으로 알려진 성담수(成聃壽)

의 시다. 그의 아버지는 단종 복위 사건에 연루되어 귀양 갔다가 죽자 그는 벼슬길이 막혀 파주에서 글을 읽고 낚시를 즐기며 한평생을 보낸다. 시에서 보듯이 그는 현실의 꿈을 낚는 것이 아니라, 꿈을 낚는 삶을 살아가고 있다. 꿈속의 세계가 곧 '무릉도원'이 아니겠는가.

☞ 1960년대 출토된 남조 고분의 그림 「죽림칠현과 영계기」에서 은행나무 · 홰나무 · 소나무 · 버드나무는 있어도 정작 대나무는 없는데, 여기에서의 竹林은 자연계의 죽림이라기보다는 상징적 의미를 지닌 문화적 개념인 脫俗의 **理想鄕**을 뜻한다.

☞ 해인사의 '소리(蘇利)길' ⇒ 불교에서 **이상향**으로 가는 길

〈마음 찾기 테마로드, 2011. 8. 16일 개장〉

- 이 밖에 남원과 진주에도 **소리길**이 있으나 불교적 의미는 아님.

☞ 理想鄕 : 龍華世界(彌勒世界) 〈佛敎〉

☞ 성경에서의 3층천(天國)
- 첫째 하늘(Sky) : 대기권(새들과 비행기들이 비행)
- 둘째 하늘(Space) : 우주권(해와 달 그리고 별들이 존재)
- 셋째 하늘(Heaven) : 천국(하나님이 계신 곳)

☞ **Distopia(逆, 反理想鄕)** : 조지 오웰(G Orwell, 영국)의 1949년에 발표한 소설 『1984』.
- 가상의 전체국가인 오세니아를 지배하는 '빅 브러더'는 독재권력의 극대화를 꾀하면서 정치권력을 항구적으로 유지하기 위해 텔레스크린, 마이크로폰, 사상경찰, 스파이단 등을 이용해 철저하게 시민의 모든 행동을 감시한다.

- 광주를 피바다로 만들고 집권한 5공정부, 이명박 정권 때 국무총리 산하의 민간인 사찰단 파문 등
- 고용 없는 성장에 시달리면서 자신의 일거수일투족이 대기업의 상업적 기술적 감시의 노예가 되는 서민들의 처지, 곳곳의 CCTV 설치(영화 「돈의 맛」) 등
- 이 밖에 1945년에 발표한 러시아 혁명과 스탈린의 배신에 바탕을 둔 정치 우화소설 『동물농장』로 널리 알려짐.

■ 뫼1 : 들(野). 뫼(山)

결사(結詞, 安貧樂道)

■ **송간세로(松間細路)** : 作家의 自然사랑 體驗에서 開拓할 必要性이 많음.

☞ 元曉 巡禮길 조성 ⇒ 元曉大師가 唐 나라로 유학 가던 길에 土窟에서 骸骨물을 마시고 얻은 깨달음을 체험할 수 있는 '土窟體驗館'(修道寺, 傳統寺刹 제28호)과 '元曉巡禮길'(697km)을 平澤市에서 조성함.

■ **두견화(杜鵑花)** : 진달래꽃, 참꽃

■ **부치 들고** : 나부끼에 들고, 붙들고

■ **천촌만락(千村萬落)** : 수많은 村落

※ 락(落)은 部落(마을) 落字임.

■ **버러 잇ᄂᆡ** : 널려 있네, 펼쳐 있네, 벌여 있네.

※ 기본형 : 벌이다.(일을 계획하여 시작하다. 놀이판을 벌이다 혹은 펼치다.), 벌리다(둘 사이를 멀리하거나 넓히다. 입을 딱 벌리다.)

■ **연하일휘(煙霞日輝)** : 안개와 놀과 빛나는 햇살. 아름다운 자연 경치.

☞ 연하일휘(煙霞日輝) ~ 錦繡ᄅᆞᆯ 재폇ᄂᆞᆫ ᄃᆞᆺ ⇒ 月延落照(古縣8景)

■ **봄빗도 有餘ᄒᆞᆯ샤. 功名도 날 ᄉᆞ귀우고**

☞ 디오게네스(Diogenes, 그리스 철학자)가 가짜 돈을 만들었다는 죄로 고향에서 쫓겨나 아테네에서 日光浴을 즐기고 있을 때, 알렉산더(Alexandros, 마케도니아) 大王이 다가와 소원을 물었더니, "햇빛을 가리지 말고 비켜달라."고 한 故事.(내가 大王이 아니었더라면, 나 또한 Diogenes가 되기를 바랐을 것이다.)

〈알렉산더와 快刀亂麻의 고사〉

- 디오게네스는 옷 한 벌, 지팡이, 그리고 빵자루 외에 가진 것이 없이 길가의 통 속에서 살았다고 한다. 그의 또다른 일화는 대낮에 등불을 가지고 다니기에 사람들이 물으니, "사람을 찾습니다. 어디 사람 없습니까?"라고 대답했다는 것이다. 사람다운 사람이 없는 우리의 현실을 외친 것 같다.
- 알렉산더 대왕은 33세의 젊은 일기로 서거한 후(기원전 323년), 후계자들의 다툼으로 제국은 마케도니아와 시리아 그리고 이집트로 분열되었지만 문화의 생명인 헬레니즘 문화는 존속되었다.

■ 청풍명월(淸風明月)

☞ 詩山明月 ⇒ 古縣8景

■ 단표누항(簞瓢陋巷) : 소박한 시골 살림

※ 簞瓢 : 簞食瓢飮의 준말

☞ 공자가 말하기를, "어질구나 회(顔回)여! 한 도시락의 밥과 한 표주박의 물로 구차하게 항간에서 살고 있구나. 보통 사람 같으면 그 시름에 못 견딜 것이거늘 回는 그 즐거움을 그치지 아니하니, 어질구나 回여!"(子曰 賢哉回也 <u>一簞食一瓢飮</u> 在陋巷 人不堪其憂 回也不改其樂 賢哉回也!) 〈『論語』, 雍也篇〉

- 표주박표 : 瓢, 바가지포 : 匏, ※ 대포(大匏, 막걸리)

☞ 顔回는 지나치게 가난하게 살았지만 학문을 좋아함 ⇒ 安貧樂道

☞ 安貧樂道 : 朝薺暮鹽 ⇒ 室如懸磬

- 聞一知十 : 孔子가 顔回(論語의 安淵篇)의 영특함을 칭찬함.

■ 백년행락(百年行樂) : 한평생 잘 놀고 즐겁게 지냄.

☞ 나폴레옹(Napolen Bonaoarte)과 헬렌켈러(Helen Adams Keller)의 삶

- 프랑스 최초의 皇帝인 나폴레옹은 1804년 쿠데타로 프랑스 제1統領이 되어 유럽을 침략, 40여 회의 전투에서 승승장구하다 러시아를 침투하여 실패하자 엘바섬에 유배하였으나 탈출, 다시 재위에 성공 → 워털루 전투에서 영국군에 항복 세인트 헬레나섬에서 위궤양으로 52세 죽다.(그의 묘비명에는 이름도 없이 '여기에 눕다.' Ci - Git 라고 새겨짐). 그는 일생에서 행복했던 날은 오직 6일뿐이라고 회고함. 사교계의 꽃인 조세핀과 결혼한 일과 쿠데타로 집권하여 제1통령이 되던 날, 그리고 루이 18세를 물리치고(엘바섬에서 돌아와) 다

시 재위에 성공하던 날 등.

- 린든 존슨대통령(미) 시절, 聖女 헬렌켈러는 3세 때 열병으로 盲聾啞가 되어 대학까지 나왔으며 평생을 자선사업가로 활동하다가 1968년 88세로 죽다. 그녀는 나에게 불행했던 날은 단 하루도 없었다고 회고함. '고통의 뒷맛이 없으면 영원한 쾌락은 없다. 세상에서 가장 아름답고 소중한 것은 보이거나 만져지지 않는다. 다만, 가슴으로 느낄 뿐이다.(헬렌켈러의 詩, 「가슴으로 느껴라」)'

本文(結詞) 주제 : 안빈낙도(安貧樂道)

■ 子貢 曰, "군색해도 비굴하지 않으며 돈이 많아도 오만하지 않은 태도는 어떻습니까?"

孔子 曰, "옳긴 하지만, 가난하면서도 즐거움을 알고, 부유하면서도 禮를 좋아하는 사람보다 못하겠지."(貧而樂 富而好禮 ⇒ 安貧樂道)

〈『論語』〉

■ 곡굉지락(曲肱之樂) : 貧寒하여 팔을 베고 자는 형편일지라도 道를 行하여 한 점 부끄럼이 없으면 참다운 즐거움이 그 속에 있다. 즉, 淸貧 속에서도 道를 즐김.

■ 안분지족(安分知足) : 만족할 줄 알면 욕되지 않고, 그칠 줄 알면 위태로움에 빠지지 않는다.(知足不辱 知止不殆)

■ 자기 분수를 알고 만족할 줄 알면 비록, 가난하고 신분이 낮을지라도 즐거운 삶을 살 수 있다.(知足者貧賤亦樂) 〈『明心寶鑑』〉

부연(富衍)

■ **古縣八景**

- 杏亶春風 : 발전소의 구절재에서 행단으로 넘어오는 훈훈한 바람
- 細柳鶯歌 : 세류마을 버들가지에서 우는 아름다운 꾀꼬리 소리
- 武城絃歌 : 무성서원의 현가루에서 글 읽는 소리
- 流觴曲水 : 청명일에 최고운 선생과 검단대사가 술잔을 띄우면서 글을 읊다. 〈感雲亭 옛터의 流觴臺〉
- 月延落照 : 원촌 마을 뒤의 월연대에서 바라보는 아름다운 노을
- 石灘暮鐘 : 석탄사(석탄 동남쪽 봉우리)의 은은한 종소리
- 詩山明月 : 시산봉(시산 뒷산)에 떠오르는 둥근달
- 江亭漁火 : 동진천에서 밤에 고기잡는 휘황한 불빛(토림하다)

■ **행단춘풍(杏亶春風) : 杏亶**

- **杏亶**이란 연못 가운데 있는 높은 곳(杏亶澤中高處)을 말한다.
〈『莊子』, 司馬彪의 曰〉
- **杏亶**이란 宋의 孔道輔가 祖廟를 증수하고 벽돌로 壇을 만들고 그 둘레에 은행나무를 심었는데, 여기에서 杏亶이란 이름을 딴 것이다.
- **杏亶**은 孔子가 그 제자들을 敎授하던 遺址.(살구나무를 이름) **杏**은 은행나무와 살구나무의 두 가지 뜻을 가짐.
〈정약용의 『雅言覺非』〉

■ **무성현가(武城絃歌)** : 예악(禮樂)을 강조하던 孔子가 한 번은 제자 자유(子遊)가 다스리는 **武城**을 지나게 되었다. 거리에선 거문고, 비파 소리가 들려오고 그 소리에 맞춰 詩書를 읊는 노랫소리도 들

려왔다. 이에 제자가 이 고을의 長이 되어 **絃歌** 소리마저 들리니 평소의 가르침이 실현되는 기쁨을 여기며,

"子遊야, **武城** 같은 작은 고을을 다스리는데 허풍스럽게 **絃歌**를 가르침이 필요하겠는가? 닭 잡는 데 소 잡는 칼을 쓰지 않아도 될 텐데(牛刀割鷄)…."

이에 子遊는 "저는 선생님으로부터 禮樂의 道를 배움으로써 백성들을 사랑하게 되었고, 백성 또한 禮樂을 익힘으로써 온용(溫容)하게 되었기에 오직 선생님의 가르침을 따른 것뿐이옵니다."

〈牛刀割鷄의 故事『論語』〉

■ **유상곡수(流觴曲水)** : **최치원**(신라 헌강왕 12년 886년에 부임, 검단대사와 교유)

- 포석정(鮑石亭) : 통일신라(사적1호. 경주 남산에 위치, 전복 모양의 石構만 존재)

☞ 후백제의 견훤(甄萱)이 중국의 吳와 越나라와 국교를 맺고 궁예와 왕건에 대항. 신라의 경애왕이 포석정에서 연회(927년)를 베풀 때, 공격하여 경애왕을 자살토록 하고 경순왕을 추대함으로써 견훤의 세력이 막강함. 그후 넷째 아들 금강에게 왕위를 물려주자 장남 신검이 반란을 일으켜 금산사에 견훤을 가두었으나, 도망쳐 왕건에게 항복하고 후백제를 멸망시킴.

☞ **一觴一詠以窮月**(술 한 잔에 시 한 수 짓다) ⇒ 1797년 초여름 다산 정약용 선생이 승정원 좌부승지(지금의 대통령 비서실의 국방수석) 재직 시 고향(경기도 남양주)에서 4형제들과 망중한을 보내다.

〈「與猶堂全書」〉

■ 강정어화(江亭漁火), 홍국어화(紅國漁火)

— 거문도 앞바다에서 밤새 불을 밝히고 고기(갈치)를 낚는 배들

— 거문도에서 갈치에 대한 偏愛 : 못 가겠네 못 가겠네 눗잎 같은 갈치 뱃살 두고 나는 시집 못 가겠네.

〈KBS1 「한국인의 밥상」, 2011. 8. 25.〉

■ 소고당(紹古堂)

김환재(金煥在, 2006. 전라북도장한어른, 문화상수상, 2010년 작고)의 부인으로 소고당(紹古堂), 본명은 고단(高端, 2010년 작고)이며 친가는 전남 장흥인데 그곳에는 장흥문화원에서 紹古堂歌辭文學碑를 건립하였으며, 시댁인 井邑市 山外中學校庭에도 같은 歌辭文學碑(2007년)가 세워졌다.

필자가 七寶中學校 재직 시, 김환재 어른의 부탁으로 '歌辭文學班'을 운영한 바 있다. 어른은 조부님 대부터 이 지역에 많은 은덕을 베풂으로써 존경받는 家系를 이어받아 井邑市 山外와 七寶 그리고 山內의 初·中學校에 돌아가시기 전까지 奬學金을 보내주셨다.

■ 소고당의 풍패지관(豊沛之館)

漢高祖 劉邦의 出生地는 江蘇省 沛縣의 豊邑이라 漢以後 임금의 고향을 豊沛라했네 우리나란 예로부터 各地方 方伯守令 治所에 客舍세워 主館北壁 龕室에는 大闕을 상징하는 闕牌를 奉安하여 每月朔望에 觀察使가 焚香하며 國家慶弔 官民이 서로모여 儀式을 擧行하고 觀察使 判官등도 到任하사 이곳을 奉審하고 朝令띠고 내려오는 官員도 이곳에

머물며 外賓接待 宴場으로도 쓰였다오 唯獨히 全羅監營 全州客舍를 豊沛之館 이라함은 朝鮮을 開國한 李太祖의 貫鄕이 全州이기 때문이라 全州客舍 創建年代 명확하지 않으나 朝鮮初에 세워서 主館과 兩翼軒을 南向으로 앉히고 正面에는 솟을大門 세웠으며 後園에는 鎭南樓 梅月堂 등이 있었으니 國家寶物 第五八三號로 指定되었네 益山市王宮 場岩里는 鎭川宋氏 世居地라 宣祖朝때 號瓢翁 諱宋英耉 一五五六生 一六二0年卒 成渾門人 文科하여 慶尙監司 歷任後 歸京길에 쥐고있던合竹扇을 洛東江에 던져버려 投扇江이라 부르기도 한다네 淸白吏오 諡號는 忠肅公이라 이어른이 聖節使 從事官으로 燕京使行 때일이다 客館에서 체류중에 한通人 글읽으며 불지핌이 奇特하여 물었다오 南京사람이 北京와서 과거낙방 또應試하려 고생하고 있다는 대답이라 瓢翁은 그에게 科擧공부 하는법 알뜰하게 일러줬네 그는그후 壯元及第 吏部侍郎에 올라서 우리朝鮮 使臣을 自願하여 자주나온 朱之蕃바로 그였다네 詩書畵에 能하며 忠肅公의 恩惠에 執贄禮를 올리고 門人이 되었다오 當時朝鮮에 온明使臣中 선물은물론 賂物까지 貪한者가 많았으나 朱公은一切 거절함은 스승나라에 대한예우였으리 瓢翁졸후 使臣왔다 場岩里에 찾아가서 표옹이지은 望慕堂의 篇額글씨 전해오며 全羅監營 客舍들려 豊沛之館 명필적을 남겼다네 忠肅公의 異邦人에게 베푸신 따뜻한情 장할시고 朱公의 報恩義理도 장하구려 국적다른 사제지간 그義理를 欽慕하는 내가슴에 훈훈한정 일렁이네 임진란때 전라감영 수호한어른 세분이니 의병장에 召募使 李廷鸞公 左翼將에 鄭陜公 右翼將에 黃褒公이라 市民들의 잔치마당 豊南祭典委 主催로 해마다 藝術分野는 화려해 지는데 義兵出征 行事는 결여됨이 섭섭터니 二00二年 월드컵 축구경기에 맞추어 三十五사단 兵力支援과 제전위의 資金으로 義兵出征 行事가 豊沛館

에서 成功裡에 이루어짐 前忠景祠 都有司 金煥在翁의 周旋한功을 잊을손가 이후로도 年例行事 되겠으니 全州市民의 긍지또한 한층더 높아지리.

※ 띄어쓰기는 원문에 따름

〈2002. 7월 作, 『紹古堂 가사집』 제3집 수록〉

이제길 생각모음(제3집)

만수지락을 이웃과 함께

인쇄 2014년 05월 12일
발행 2014년 05월 20일

지은이 이제길
발행인 서정환
펴낸곳 신아출판사
주소 전북 전주시 완산구 공북 1길 16(태평동 251-30)
전화 (063) 275-4000 · 0484 · 6374
팩스 (063) 274-3131
이메일 sina321@hanmail.net shina2347@naver.com
출판등록 제465-1984-000004호
인쇄 · 제본 신아출판사

저자와 협의, 인지는 생략합니다.
잘못된 책은 바꿔 드립니다.
이 책의 발간비 일부는 전라북도문예진흥기금의 지원을 받았습니다.

ISBN 979-11-5605-079-7 03810

값 13,000원

이 도서의 국립중앙도서관 출판시도서목록(CIP)은 서지정보유통지원시스템 홈페이지(http://seoji.nl.go.kr)와 국가자료공동목록시스템(http://www.nl.go.kr/kolisnet)에서 이용하실 수 있습니다.
(CIP제어번호: CIP2014015138)

Printed in KOREA